タロット バイブル

78枚の真の意味

The New Tarot Handbook

鏡リュウジ◉監訳
レイチェル・ポラック◉著
現代タロット研究会◉訳

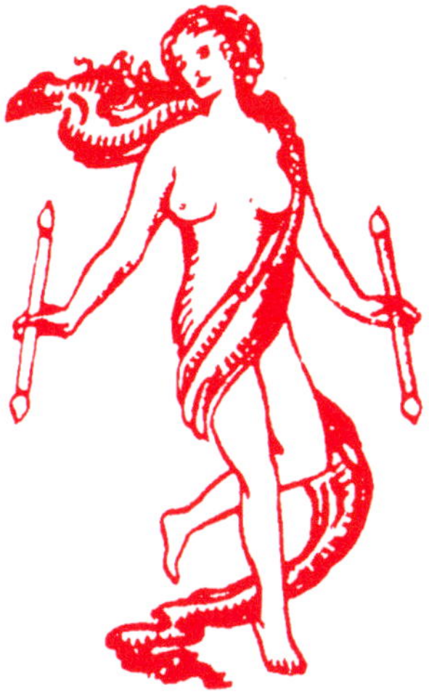

朝日新聞出版

タロット バイブル
78枚の真の意味

The New Tarot Handbook
Rachel Pollack

シャーマンであり、教師であり、サイキックであり、
また『セイクリッド・ローズ』タロットの作者でもある
ジョアンナ・ガルジウロに。

故イーデン・グレイの想い出に。

そして、バーバラ・ムーア、マーサ・ミラード、ゾエ・マトフ、
the Becoming A Reader gangの方々の
素晴らしい洞察と熱意に、格別の感謝を捧げます。

"Translated from"
THE NEW TAROT HANDBOOK:
Master the Meanings of the Cards
by Rachel Pollack

Published by Llewellyn Publications
Woodbury, MN 55125 USA
www.llewellyn.com

Japanese translation published by arrangement with Llewellyn
Publications through The English Agency (Japan) Ltd.

contents

タロットの扉を開く

鏡リュウジ

あの人の瞳の奥が見えなくなったとき。自分の生き方の先が霧につつまれたとき…。あなたはどうしますか？

信頼できる人に相談する。世に氾濫する「自己啓発」本を読む。あるいは、「ポジティブ」に考えて悩みを忘れる。

どれも、ある程度は有効でしょう。でも、ちょっと待って。それで本当に悩みが解決したことがありますか？　これほどたくさん生き方の処方箋が氾濫するということは、それでは悩みがなくなったためしがない、という証拠。

実は、この本もそうです。タロットの中にも、この本の中にも「答え」はありません。

それでも、それでも、です。監修者としてはこの本をあなたに贈り届けたいと思っているのです。

なぜ、ですって？

それは、この本がぼくたちにとってのある種の「真実」を教えてくれると信じているからです。

タロットは15世紀にイタリアで発明されました。意外なことに最初はもっぱらゲーム用のものだったのですが、18世紀後半から古代の英知を体現したものだとされるようになりました。謎めいたタロットの寓意。それは、表の世界になかなか現れてこない、スピリチュアルな「永遠の哲学」を表象するものだとされてきたのです。少し難しい表現を使えば、社会学者のリオタールのような、「大きな物語」を前提にしていたということになります。つまり、この世界にはみんなが納得できる答えや正解があるという前提のもとに、隠された真実を啓示するものとしてタロットのシンボリズムが読み解かれました。

でも、残念ながらそんな万人が納得するような「正解」はないということが今は誰の目にもはっきりしています。私の常識はあなたの非常識。日進月歩の情報のインフラは、誰も「本当のこと」を知らないということ明らかにしてしまいました。ぼくたちが、この便利な時代の中で、何か心の底に不安を抱えているのはまさに、そのためでしょう。

そのなかでぼくたちができることは何でしょう。それはぼくたち自身が視点を増やし、さまざまなパースペクティブから見て、自分の人生観のなかに生物多様性ならぬ生き方の多様性を確保していくことでしょう。

このシンプルなタロットの本は、タロットの絵柄をつぶさに観察し、そのなかに表れたさまざまなイメージを、心の動きや魂の動きと重ね合わせていきます。ときにそれは恐ろしいほどの透視力を見せるでしょうが、またそれは常に新たな視点を提供します。

レイチェル・ポラックという希有な作家にしてタロティストの才能は、つまるところ、万人にとっての「正解」ではなくとも、いまだ自分でも見えていない、あなた自身の心の真実を表現するヒントを与えてくれるからでしょう。邦訳の副題は「78枚の真の意味」ですが、それは決して固定的なものではありません。本当のことは常にオープンエンドで、常に動き続けます。レイチェルの凄さは、そのオープンネスのなかにこそ「本当」があることを知っていることでしょう。

さあ、未知のあなた自身の可能性へ。動きの中へ。扉の先の、その扉へ。タロットを使って、ぼくたちの無限の旅を続けていきましょう。本書はそのための最高のガイドになるはずです。

タロットカード
（ライダー・ウェイト・スミス版）
一覧

大アルカナ *Major Arcana*

0 愚者
☞P38

1 魔術師
☞P42

2 女教皇
☞P46

3 女帝
☞P50

4 皇帝
☞P54

5 教皇
☞P58

6 恋人たち
☞P62

7 戦車
☞P66

8 力
☞P70

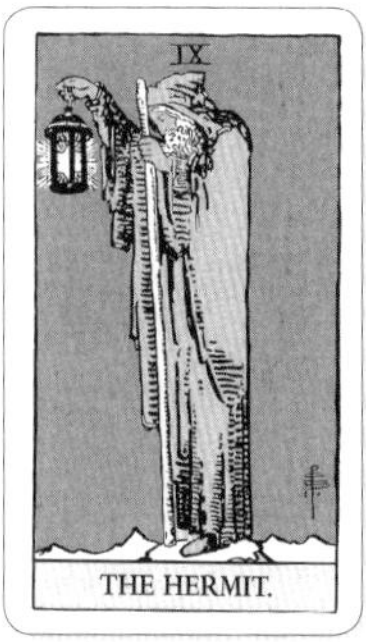

9 隠者
☞P74

⑩ 運命の輪
☞P78

⑪ 正義
☞P84

⑫ 吊るされた男
☞P88

⑬ 死
☞P92

⑭ 節制
☞P96

⑮ 悪魔
☞P100

16 塔
☞P104

17 星
☞P108

18 月
☞P112

19 太陽
☞P116

20 審判
☞P120

21 世界
☞P124

タロットカード
（ライダー・ウェイト・スミス版）
一覧

小アルカナ（数札）*Minor Arcana*

ワンド

Wands

ワンドのエース
☞P138

ワンドの2
☞P140

ワンドの3
☞P142

ワンドの4
☞P144

ワンドの5
☞P146

ワンドの6
☞P148

ワンドの7
☞P150

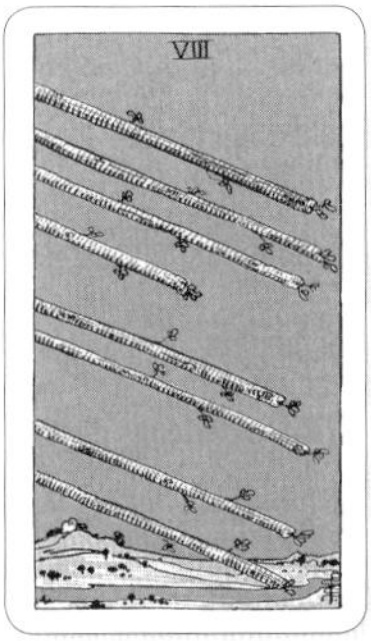

ワンドの8
☞P152

ワンドの9
☞P154

ワンドの10
☞P156

タロットカード
（ライダー・ウェイト・スミス版）
一覧

小アルカナ（数札）*Minor Arcana*

カップ

Cups

カップのエース
☞P160

カップの2
☞P162

カップの3
☞P164

カップの4
☞P166

カップの5

☞P168

カップの6

☞P170

カップの7

☞P172

カップの8

☞P174

カップの9

☞P176

カップの10

☞P178

タロットカード
（ライダー・ウェイト・スミス版）
一覧

小アルカナ（数札）*Minor Arcana*

ソード

Swords

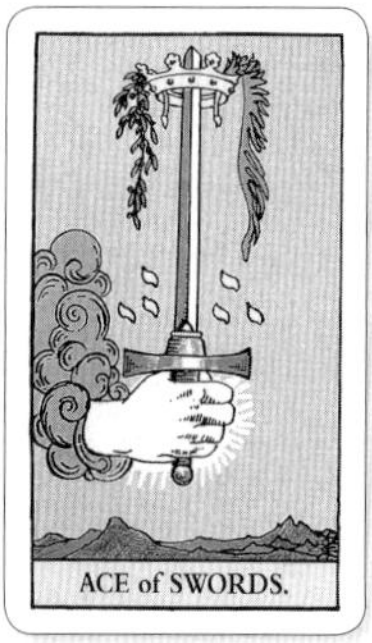

ソードのエース
☞P182

ソードの2
☞P184

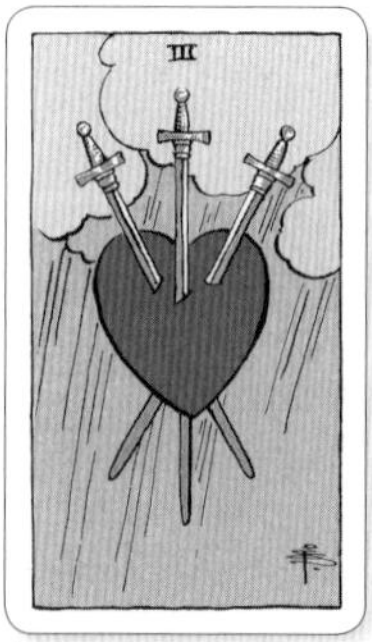

ソードの3
☞P186

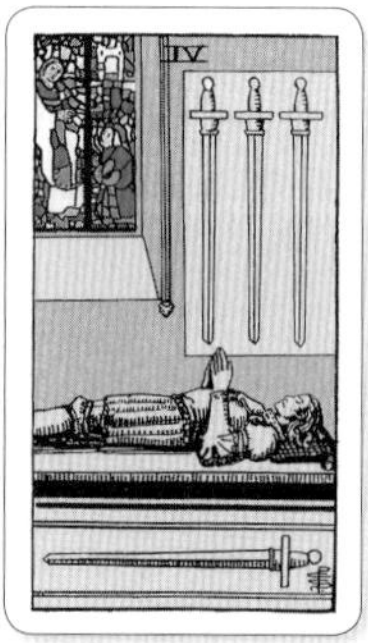

ソードの4
☞P188

ソードの5
☞P190

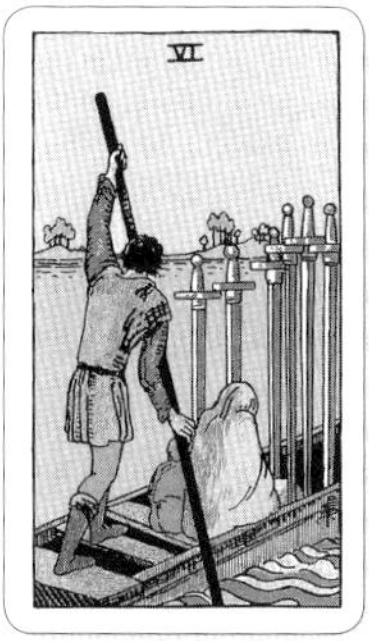

ソードの6
☞P192

ソードの7
☞P194

ソードの8
☞P196

ソードの9
☞P198

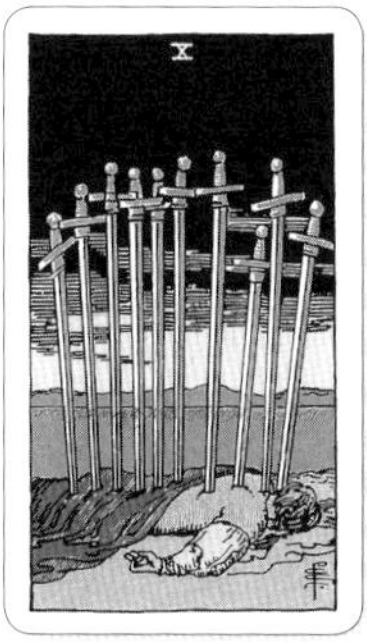

ソードの10
☞P200

タロットカード
（ライダー・ウェイト・スミス版）
一覧

小アルカナ（数札）*Minor Arcana*

ペンタクル

Pentacles

ペンタクルのエース
☞P204

ペンタクルの2
☞P206

ペンタクルの3
☞P208

ペンタクルの4
☞P210

ペンタクルの5
☞P212

ペンタクルの6
☞P214

ペンタクルの7
☞P216

ペンタクルの8
☞P218

ペンタクルの9
☞P220

ペンタクルの10
☞P222

タロットカード
（ライダー・ウェイト・スミス版）
一覧

小アルカナ（コートカード） *Minor Arcana*

ワンド

Wands

ワンドのペイジ
☞P234

ワンドのナイト
☞P236

ワンドのクイーン
☞P238

ワンドのキング
☞P240

タロットカード
（ライダー・ウェイト・スミス版）
一覧

小アルカナ（コートカード）*Minor Arcana*

カップ

Cups

カップのペイジ
☞P242

カップのナイト
☞P244

カップのクイーン
☞P246

カップのキング
☞P248

小アルカナ（コートカード）*Minor Arcana*

ソード

Sword

ソードのペイジ
☞P250

ソードのナイト
☞P252

ソードのクイーン
☞P254

ソードのキング
☞P256

小アルカナ（コートカード） Minor Arcana

ペンタクル

Pentacles

ペンタクルのペイジ
☞P258

ペンタクルのナイト
☞P260

ペンタクルのクイーン
☞P262

ペンタクルのキング
☞P264

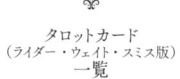

イントロダクション

私がタロットに関わるようになって、45年近くが経ちました。その間、「タロットカードについて、どのようにしてあれだけのことを発見し、知り得たのですか？」と、よく尋ねられました。実際、私はとても多くのこと、つまりスピリチュアルな教え、オカルティズムの歴史、心理学、また古代／現代の叡智などをタロットカードから学びましたが、それは時として、私がそれらを発見したというよりも、あたかもカードの方から私を発見してくれたかのように感じられたものです。私の受け取る準備が整った時点で、カードがその正体を明かしてくれたのかもしれません。その物語は、こんなふうに始まりました。

1970年代はじめ、私はニューヨークからかなり北のある大学で文学を教えていました。そこはとても寒いところだったのですが、ある時同僚の教員から「家まで車に乗せて行ってくれたら、お礼にタロット・リーディングをしてあげるわ」という提案がありました。私は「これはなかなか楽しそうな提案だわ」と思いましたが、その時にしてもらったリーディングにどんなカードが出て、どんな話をしたのかはまったく覚えていません。ともかく私は、友人の使っていたカードと本に、すっかり魅了されてしまったのです。私はその２つを入手しようと決意し、ニューヨークとモントリオールを何度か探し回った末に、その両方を見つけました。インターネット検索が登場するよりもずいぶん前、そして今日まで続いているタロット人気の、大きな波が押し寄せる直前の話です。

☼———現代タロットの母、イーデン・グレイ

その本について、少し触れたいと思います。本のタイトルは『The Tarot Revealed』(邦訳：『啓示タロット』星みわーる訳／郁朋社)、著者はイーデン・グレイという女性です(Eden Gray、すてきな名前だと思いませんか？)。その本は一見とてもシンプルでした。各カードの絵と、短い説明文、それとリーディングの説明、それだけです。ですが、グレイはタロットとそこに隠された不思議や驚異を、とても深く理解していました。彼女の著作には、カードそのものと同じように、一見したところよりもずっと多くのことが包含されています。

20世紀の終わり頃、私は96歳のイーデン・グレイに逢う大きな幸運に恵まれました。シカゴで開催された大きなタロット学会の主賓として彼女が紹介されたとき、観衆全体が立ち上がり、盛大な拍手を贈ったものです。イーデン・グレイは正に現代タロットの母でした。シカゴの学会で彼女は、1950年代から60年代にかけてニューヨークの神秘学専門書店のオーナーになったいきさつについて、また、当時カードを学ぶため基礎的な本としてどれがよいかよく尋ねられたことなどを語りました。グレイはふさわしい本を見つけることができなかったので、自分で一冊の本を書くことになったのです。

ところで数年前、タロットの１年間コースを教えていた私は、カード解釈の歴史をたどってみようと思いたちました。ポール・ヒューソンが初期のカード解釈のリストをまとめており、そこからカード解釈の変遷を一望してみる仕事には、やってみる価値があると考えたのです。そこで私は奇妙なことに気づきました。現在、ほとんどのタロットの読み手が当

然のこととして受け入れているカードの意味のいくつかは、古い解釈・説明には見当たらないのです。中には私たちが皆追随している「ライダー・ウェイト・スミス版（ウェイト版）」を制作した、アーサー・エドワード・ウェイトの記述すら見当たらないものもあるのです。これらの解釈は一体、どこからやって来たのでしょう？　結局のところその源は、タロットを「愚者の旅」として表現した最初の人物であるその人——イーデン・グレイでした。

私がこういったことに言及しているのは、本書をイーデン・グレイの伝統を復活させるものと捉えているからです。短く、率直な表現で、それでいて願わくば、深い知識と気づきに支えられた本。タロットの広大な叡智と秘密の宝庫につながる無数の扉の、１つか２つは開いてくれるかもしれない本。誰でもこの本を使ってすぐ、実際にリーディングすることができ、タロットをマスターした後でも、何度も繰り返し戻ってくる価値があると読者に思ってもらえるような本を、私は書きたかったのです。

❋———タロット・デッキとは何か

イーデン・グレイが執筆していた頃、つまり私がタロットについて教えたり執筆したりし始めた時期、私たちタロティストは、現代の研究では正しくないと証明されているいくつかの歴史的事柄を、当時はまだ信じていました。たとえばほとんどの人が、一般のゲーム用カード（トランプ）がタロットに源を発するものであり、今日私たちが大アルカナと呼んでいる重厚で象徴的な絵札を省いた一種の単純化されたタロットであると考えていました。

しかし実際には、トランプは14世紀の終わりくらいに北アフリカから、おそらくはロマ民族ではなく十字軍によってヨーロッパにもたらされたものです。知られている限り最も古いタロット・デッキが登場するのは、その後40〜50年経った1430年頃、北イタリアのフェラーラ、あるいはミラノです。今日でも、イタリア製のタロット・デッキは最も美しく、エレガントな部類のものです。

　ではタロット・デッキとは、つまり何なのでしょう？　簡単に言えば、それは大アルカナ（“アルカナ”とは、“神秘”を意味するラテン語です）と小アルカナの、２つのパートで構成される78枚のカードです。

　スート（マーク）の名前にはいくつかバリエーションがありますが、最も一般的なものは、ワンド、カップ、ソード、ペンタクルです。大アルカナ、こちらは“トランプ”とも呼ばれますが（“trump”という語は、“triumph= 勝利”を意味するラテン語、“trionfi”に由来します）、これらは０番の『愚者』から21番の『世界』まで、数字と名前が付けられています。

　一方で、小アルカナの各スートはどれも同じ構造を持ち、エースから10までの数札と、４枚のコートカード、すなわちペイジ、ナイト、クイーン、キングで構成されます。

　現代の歴史家は、数多くの証拠から、大アルカナの（キリスト教世界においては）挑発的なイメージ、『3.女帝』『15.悪魔』といったタイトルは本来、秘密のオカルト的教義や魔術的な教えではなく、初期ルネサンス期当時のスピリチュアルな視点を象徴化したものであったと考えています。

　その後1781年、ある大きな出来事が起こりました。フランス人フリーメイソンでありオカルト学者でもある、アントワーヌ・クール・ド・ジェブランとコント・ド・メレという２人の人物が、ジェブランによる膨大なオカルト史大全、『原初世界 (Le Monde Primitif)』の第８巻において、タロットについてのいくつかの論文を寄せたのです。彼らは共にタロットを古代エジプトの教えとヘブライ語の22文字の、永きにわたって信じられてきた神秘的な意味と関連させる象徴体系をまとめました。この考えは19世紀を通じて発展し、魔術結社「黄金の夜明け《ゴールデン・ドーン》団」によって、タロット、ヘブライ文字、キリスト教神秘主義、異教《ペイガン》の神々、西洋占星術、儀式が統合された体系となるに至りました。
「黄金の夜明け団」にとって、タロットはあらゆる叡智の壮麗な宝庫であり、人間そのものの如く神聖で、自らをより高次の存在へと高める手段でもありました。初期の「黄金の夜明け団」が存続したのはわずか15年ほどですが、その強い影響力は今日まで継続しています。

✻――――ウェイト版の誕生

タロットを学ぶ上で、これらをすべて学ぶ必要はありません。たとえ知らなくとも、その叡智は存在し、私たちを後ろから支えています。リーディングを行う時、私たちは偉大なる神秘の歴史に触れ、人生において実践的に活用しているのです。

最初の「黄金の夜明け団」のメンバーの一人であり、ある期間、団のリーダーでもあった人物に、神秘主義研究者のアーサー・エドワード・ウェイトがいます。20世紀最初の10年、ウェイトは、彼の言うところの「修正版」タロット、すなわち象徴的表現による「黄金の夜明け団」の様々な叡智と、彼自身の思想及び洞察を具現化したタロットの製作を決意します。ウェイトは自分のコンセプトを実現するため、もう一人の「黄金の夜明け団」メンバーに仕事を依頼しました。友人たちの間ではピクシーの名で知られていた、画家でありイラストレーター、また舞台美術家でもあるパメラ・コールマン・スミスです。ちょっと面白いタロット史のトリビアですが、ウェイトもスミスも、そして実は私も、皆ニューヨーク／ブルックリン生まれです。

彼らの製作したデッキは、当初の出版元の名前から「ライダー版」または「ライダー・ウェイト・スミス版」「RWS」と呼ばれており、本書ではこのデッキを主に使用します。このデッキが今や世界で最も知られているタロット・デッキとなったことには、ウェイトとピクシーも驚くことでしょう。

このような成功を収めることになったのは、小アルカナの数札に描かれた、人物と場面の絵柄にあります。これより古いデッキでは、スートのカードは、普通のトランプと似たもの、つまり「ソードの４」であれば、単純に４本の剣が白い背景に描かれているだけ、「カップの７」なら７個のカップが描かれているだけ、といったものでした。ウェイト版では、代わりに人物の行動や、物語のある瞬間が描かれています。その結果、小アルカナは人生の経験を表現した一種の万華鏡になったのです。大アルカナがより大きな原理を表しているのに対し、小アルカナはもっと直截《ちょくせつ》的な意味合いや感覚、つまり困難や勝利、悲しみや喜びといったことを教えてくれます。

✲———本書の使い方

この本では他のほとんどのタロット本と同じように、カードに割り振られている数字の順番に解説していきますが、カードは本来常にシャッフルされ並び替えられることで、新たな可能性を創造するものです。各カード固有の意味はあれど、その本領はリーディングの質疑応答の中でこそ発揮されます。このことによりタロットと、私たちがタロットから学べることは、本当に無尽蔵となります。

たとえば「この人間関係から、私が期待できることは？」と尋ねた時、『6.恋人たち』のカードが現れたら、その意味は明らかでしょう（良いニュースです！）。しかし「上司との会議で、どう振る舞うべき？」という質問であった場合ならどうでしょう？（カードが言いたいことはおそらく、「その上司を誘惑しなさい」ではないでしょう）。この本では、それぞれのカードの象徴と意味を紐解きながら学んでいきますが、タロットを学ぶ最も良い方法は、結局はカードを「使う」ということに尽きるのです。

タロットを使うに際しては、解説書を最後まで読んで勉強し、78枚のカードの意味を、正位置・逆位置を含め、すべて覚えてからリーディングを始めるべきだ、という考えの人がいます。一方で、自らの感受性と直感の導きに従い、自分自身でカードの意味を探り出した後で、解説書の説明を読むべきだ、と考える人もいます。いずれにせよ、自分に向いているほうでいいのです。

ちなみに、私自身がどのように取り組んだのかを紹介しておきましょう。私はタロット・デッキとイーデン・グレイの本を入手し、まずリーディングとレイアウトについての説明を読みました。それから各カードを目の前に置いて、１枚ずつをじっくりと考察し、それから本に書かれた意味を読みました。私は前もってカードの意味を覚えるよりはむしろ、実際にリーディングをやってみることでカードに親しんでいったのです。友人とのリーディングにおいてカードが明らかにしてくれたことは、私と友人を本当に驚かせてくれました。

私はそれぞれのカードの意味を本で調べるのと同時に、どの本に説明されていることに対しても、もし自分の直感が何か違和感を覚えたら、本とは異なる解釈をとることをためらいませんでした。それには２つの理由があります。第一に、意味の説明はあくまで基本的なものであり、私たちはそれぞれの状況に当てはめて個別に解釈する必要があることは明らかです。第二に、カードそれ自体を眺めてみれば、そのうちにあらゆる本が説明し得る以上の、全体的な叡智の世界が包含されていることが理解できたからです。

もしあなたが、本書を最後まで読んでからリーディングを始めたいと考えるのなら、もちろんそのようにしてください。思い切って説明は読まず、カードの絵柄を通じて自分自身の道を見つけたいと考えるなら、それもOKです。一方の手にタロット・デッキ、もう一方の手には本書があって、さて、今すぐリーディングを始めようと思うなら、是非そうしましょう！

タロットの旅にはゴールはない

大アルカナの各セクションを見ていただくとお気づきになるでしょうが、各セクションにはカード自身と、カードの象徴の説明、正位置と逆位置（カードを表向けた時、上下が逆で現れること）の意味、それから私がそれぞれのカードからインスピレーションを受けて考案した、皆さんにはあまりなじみがないであろうスプレッド、もしくはレイアウトが書かれています。

大アルカナの各カードは、それぞれに独自の世界観を表しています。人生の魔法について、情熱について、あるいは愚かさについて、尋ね、各カードに添えられたリーディングのどれかを試してみれば、あたかも自分自身が『1.魔術師』や『3.女帝』『0.愚者』になったかのように感じられるでしょう。これらのスプレッドのうちいくつかは、拙著『タロット・ウィズダム（Tarot Wisdom）』が初出ですが、これらが考案されたのはずっと昔です。大部分は私が教えていた「タロット・リーダーになるために（Becoming A Reader）」という1年間コースのために考案されましたが、これらのスプレッドは実際のところ、私が40年以上にわたってリーディングを行い、プレイしてきた、その成果です。

私は半世紀近くの間、タロットに取り組み、リーディングを行い、タロットについて思索し、研究し、またプレイしてきました。こうしたことから、今、確信をもっていえることが1つあります。それは、私たちのタロットの旅には最終的なゴールはない、ということです。私たちが成長し、変化すれば、タロットも成長し、変化していきます。その過程で、カードがあなたを発見し、あなたもカードの中に自分自身を発見するでしょう。

＊訳注

以下に続く「大アルカナ」の各カード、「小アルカナ」の各スート、コートカードの末尾にはそれぞれ、著者独自のスプレッド（カード展開法）が付記されている。これらは著者がそれぞれのテーマから自由に発想、連想したもので、一部の例外を覗き、通常のスプレッド同様にデッキ全部を使用するものとなっている。

例えば「愚者のためのリーディング」というタイトルでも、『0.愚者』のカードを特別に使用する、という意味ではない。唯一の例外は「『星』のためのリーディング」（111ページ）で、ここでは『17.星』のカードを取り出してしばらく眺めた後、残りのカードをシャッフルして展開するよう指示されている。

これらのスプレッドには、カードを並べる形や問いの設定にそれぞれのテーマと関連する象徴性がうっすらと忍ばせられており、著者がそこに込めた言外のメッセージを読み解いていくことも楽しみの1つと言えるだろう。それぞれのカードの理解を深めるために、また単純にスプレッドのレパートリーを増やすために、気軽にトライしてみて欲しい。

大アルカナ

Major Arcana

大アルカナ

タロットをタロットたらしめているもの、それが大アルカナです。このことは、タロットが4つのスートと22枚の大アルカナカードの一組と定義されているという単純な事実に基づいていますし、もっと深い意味合いでもそうなのです。ゲーム用のカードを使って人々が占いを始めたのはいつ頃なのか、誰にもはっきりとしたことはわかりません。おそらくそれは、カードがヨーロッパに持ち込まれた最初期まで遡るのではないかと、私は考えます。というのも、ギャンブルに使用する道具やゲームはほぼすべて、占いにも使用され得るからです（占いには、その他にも数多くの道具が使用されました。例えば鳥の内臓やチーズの穴でギャンブルをする人はいないでしょうが、これらはどちらも占いに使用されてきました）。

ですので、カードを使った占いは特にタロットだけに限られるわけではありません。しかしながら、タロット・リーディングが質問に対する単純な答え以上の、幾層にも重なる理解を与えてくれるという点で優れているのは、大アルカナのおかげです。実際のところ、たとえリーディング中に大アルカナが1枚も出なかった場合でさえ、そういえるのです。なぜなら、小アルカナは大アルカナの象徴的な意味と共振しているからです。

最初に「トライアンフ(triumph)」または「トランプ(trump)」（大アルカナは元来こう呼ばれていました）を含めた一組のカードが登場したのは、1430年頃のイタリアです。イントロダクションでも触れたように、これら最初の「トランプ」

には、何らかの秘密教義が表現されているではないか、もしそうだとしたら、その教義とはどのようなものであったのかといったことついて、長い間議論がありました。しかし実際には、それは特に問題ではないのです。もし「トランプ」が古代エジプトの教えやユダヤ神秘主義（カバラ）の教えを描いたのでなかったとしても、これらのカードは常にスピリチュアルなメッセージを携えています。

たとえば、『2.女教皇』(= “female pope” 現代のタロット・デッキでは、“女司祭／女教皇 = High Priestess”)」や、錬金術師としての『9.隠者』、天使と悪魔、そして死と再生。これらは私たちに、人生と世界のより深い意味を見つめるよう呼びかけてきます。1781年以来、すなわち古代エジプト起源説に基づくオカルト的思想が発生して以来、大アルカナはますます構造的で理路整然とした物語を付加されてきました。名称が変わり、絵柄が変化し、象徴が追加され、より深く、より微細な物語が成長していったのです。

イーデン・グレイは、大アルカナを「愚者の旅」と呼びました。以来、その呼び方は変わらず定着しています。『0.愚者』は「魂《ソウル》」を表しています。その魂は誕生してから旅に出て、人生の幾多の困難を乗り越え、死を迎え、そして死を超えて、スピリチュアルな悟りへと至ります。この壮大な物語の素晴らしい点は、私たちの人生のどんな瞬間においてでも、この物語から自分の人生への貴重なメッセージを読み取ることができるということです。

これが、私たちがリーディングで行うことです。これら深遠で象徴的な絵柄を取り上げ、それを特定の問題や状況に当てはめてみるのです。同時に、カードは人生におけるより大きな意味を常に示唆します。ですから、例えば義理の姉妹の問題をリーディングする時、たとえあなたがまったく自覚していなかったとしても、カードはさりげなく、あなたをより重要な教えへとつなげてくれます。これがタロットを特別なものにし、タロットをタロットたらしめているところです。カードの説明は複雑になりがちなので、本書では最初に「キーワード」から始めて、最後に「占託的意味」で締めくくるようにしました。さて、この『0.愚者』の旅の物語は、どのように読み解くべきでしょうか？　21章もある物語全体では読むのも大変なので、普通はいくつかのグループに分けます。たとえば、1から10までを物語の前半、11から20までを物語の後半と考え、21をクライマックスだと考えることもできます。この方法は、物語の前半と後半の間に興味深い対照を見せてくれます。

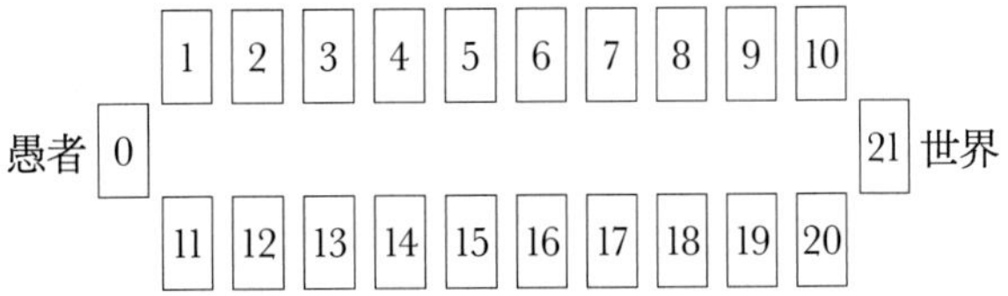

あるいは、1から10までを前半、12から21までを後半とし、『11.正義』の天秤を、2つのパートを分ける中心点として考える方法もあります。

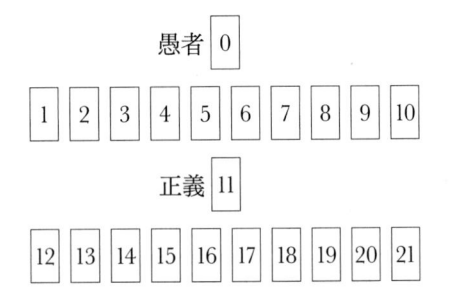

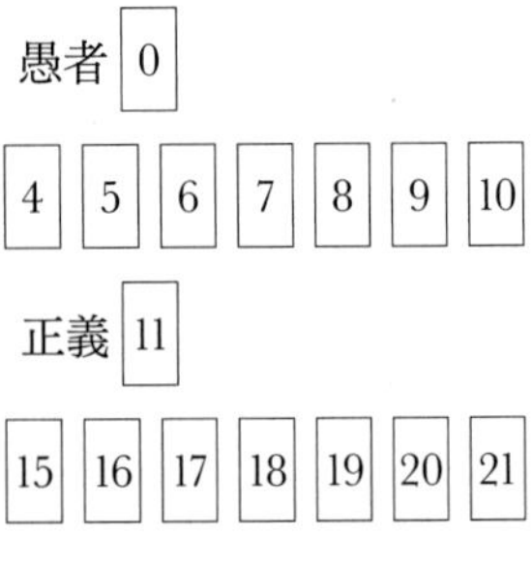

私としては、大アルカナを『0.愚者』＋7枚のカード×3行に分けるのが、有効で、そしてよりシンプルな方法であると思います。

		愚者	0			
1	2	3	4	5	6	7
8	9	10	11	12	13	14
15	16	17	18	19	20	21

３も７も、ある種の特別な数字です。3という数字のイメージは、世界中の神話や宗教的な教義の中に繰り返し現れています。キリスト教には「父なる神・子なるキリスト・聖霊」の「三位一体（トリニティ）」という考え方がありますし、ヒンドゥ教では「創造者・保護者・破壊者」の「三神一体」の考え方があります。またヨーロッパでは月の満ち欠けと関係づけられた「乙女・母・老婆」の三女神があり、私たちの人生を左右する３人の運命の支配者とされています。近代哲学では「命題《テーゼ》・反対命題《アンチテーゼ》・統合命題《ジンテーゼ》」の考え方を見ることができます。私の考えでは、これらは私たち人間という存在の最も基本的な事実、つまり、私たち一人ひとりは父親と母親の遺伝子が組み合わさってできたものである、ということに由来しています。「父・母・子」は、最も基本的なトリニティです。

では、７はどうでしょう？　西洋占星術の10惑星を思い出してください。これらの惑星のうち、７つは肉眼で見ることができました。ここから、１週間が７日とされ、それぞれの曜日は各惑星のエネルギーによる「支配」を受けるとされました。また、虹の色は７色、人体のチャクラ(エネルギー・センター）は７つ、１音階は７音（ド・レ・ミ・ファ・ソ・ラ・シで、再びドに戻ります）です。アメリカでは、以前は21歳で成人だと見なされていました。この数字は大アルカナカードの総数です。

先に挙げた7枚のカードが3行。それは「愚者の旅」の3つのステージです。最初の段階は、人生における外面的な課題（成長、両親や社会との関わり、愛することを学び、人生の成功を創造する）を表します。このステージは、強い意志を持つ、自信に満ちた『7.戦車』でクライマックスを迎えます。物語の第2章では、「愚者」は深遠な変容を経験することになります。『8.力』の優しさと『9.隠者』の神秘的な光で始まり、かつては重要だと思えていたすべてのことの『13.死』を経て、「愚者」つまり私たちが、14番目のカード『14.節制』に描かれている「天使的」な、真実の自己を見出し、終焉を迎えます。

「愚者」はずいぶん遠くまで来ました。死さえくぐり抜け、そして復活し、そしてまだ7枚のカードが残されています。これまでとはまったく異なる段階です。ここでは「愚者」は真の神話的ヒーローとなります。これら最終段階のカードは、非常に複雑であるように思えますが、実はとてもシンプルな物語を語っています。それはいわゆる「光の解放」です。『15.悪魔』の闇、それから『16.塔』の稲妻の閃光。それに続くのは『17.星』『18.月』『19.太陽』と、どんどん増していく光、そして遂に私たちは『20.審判』の栄光と『21.世界』の完成へと辿り着きます。

なんと素晴らしい物語でしょう！　横の3行（1―7、8―14、15―21）だけでなく、縦の7列も見てみましょう。たとえば『1.魔術師』『8.力』『15.悪魔』や、『7.戦車』『14.節制』『21.世界』。ケイトリン・マシューズは、これらの3つの組を「トライアド」と呼びました。本書でのカードを通じた私たち自身の探求の途上で、これらのいくつかを検討することになるでしょう。

最後に。これらのことは結局、リーディングとどう関連しているのでしょうか？　その問いこそ、多くの人がタロットに目を向け、興味を持つ理由のはずですね。この神話的な旅の物語は面白いかもしれませんが、「はたしてそれは私のソウルメイトを探す手助けになってくれるのかしら？」。そうですね、答えはイエスです。少なくとも1つ言えることは、カードは「ソウルメイト」とは何を意味するのか、その考えはどこから来たのか、ということへの理解を助けてくれる、ということです。

もっと一般的にいえば、カードの最も深い意味は、そこに象徴的に表された真理そのものからもたらされるということです。過去に頻繁にあったことですが、タロットの叡智に深く入り込んだ人たちは、リーディングを行うことを不適切である、または侮辱するものだとさえ考えました。そういった人たちは占託的意味のリストを軽視し、それ故、実際の絵柄との関連を欠いた、ただ古くからのお決まりの文句を繰り返し語り継ぐだけになりがちでした。こうなってしまうと、カードの解釈は浅くつまらないものとなり、リーディングに使いづらくなります。私は、本書においてカードの説明を記述するにあたって、カードのイメージ、物語、そしてスピリチュアルな驚きと魅惑——すなわちタロットリーダーとしての私の40数年間の経験そのもの——から、自然に意味が生まれ、生き生きと溢れ出すようにと、心がけました。

0

愚者

The Fool

keyword

自由、リスク、若いスピリット、未熟さ

タロットの中でも、最も有名な人物の1つです。彼は断崖に立っています。あるいはそこで踊っているかのようです。彼はそこから飛び出すのでしょうか？　もし飛び出したなら、落ちていくのでしょうか？　それとも彼の明るいチュニックのひだが風を受け止め、ふわりと舞い上がるのでしょうか？　彼は明るい光の方へと頭を上げ、そんなことを気にする様子もありません。白い犬は（白は彼の頭上の白い太陽のように、純粋さを表します）傍らで飛び跳ね、飼い主と同じく、屈託なく喜びに満ちています（犬は危険を知らせてくれる『0.愚者』の動物的本能だという人もいます。あなたはどう思いますか？）。

このカードの本質は、絵柄ではなく、ナンバー「0」にあります。新たな生命が生まれる、卵のような形。「0」は自由、とらわれないこころ、新しいことを始めるチャンス、そしてたぶん、過去を手放し、最初からやり直すことも意味します。この「何ものでもない（No-thing)」ということは、誰か（または自分自身）が押し付けたレッテルや決めつけが、自分のすべてではない、ということを思い出させてくれます。本来、私たちを抑えつけたり、制限したり、否定したりすることはできないのです。どの数字も「0」で割れば、答えはいつも「無限」になると学校で習いましたね？　「自分はこうだ」という自分自身の考えも含め、あなたを制限したり、ブロックしたりしている状況を思い浮かべてみてください。そこに『0.愚者』を招き入れれば、突然、無限の可能性が現れます。

多くの人は『0.愚者』を、すべてのカードを旅して『21.世界』で変身を遂げる人物、タロットの「主人公《ヒーロー》」と見なします。『21.世界』に描かれた女性を囲むリースは「0／卵」の形です。最初と最後を飾る『0.愚者』と『21.世界』の2

枚のカードにおいてのみ、人物はダンスをしています。『16.塔』から落ちている人々を除くと、他のすべてのカードの人物は、立っているか座っています。1970年頃、イーデン・グレイがタロットを「愚者の旅」と呼んで以来、多くの人がこの表現を繰り返してきました。約80年前、ウェイト版の考案者であるアーサー・エドワード・ウェイトは「彼はこの中を旅する、異世界の王子である」と述べています。

古《いにしえ》の時代の浮浪者のように、『0.愚者』が肩に持つ棒に吊り下がったバッグを見てみましょう。このバッグには彼の人生経験が入っている、という人もいます。また、バッグの中身は彼の過去世の記憶だという人もいます。いずれにせよ、彼は軽やかにバッグを背負い、結局のところ「何もなし(Nothing)」であるところの「真実の自己」と、バッグの中身とを間違えることはないでしょう。帽子の真紅のリボンは自由への熱望のシンボルです。『19.太陽』に描かれる子どもの髪にも、同じ羽があるのがわかります。

私たちは時として、「愚者」になりたいと願います。何も疑いや恐れを抱かず、自発的に行動する。誰が何を思おうとも気にしない。次に何が起こるのか、心配もしない。しかし、あなたはいつもいつも、こんなに自由に行動したいのでしょうか？　仕事は、人間関係は、家族はどうなるでしょう？

どのカードにも言えますが、『0.愚者』になることこそがあなたに必要なのだという時期があります。計画性や慎重さが必要なのは、他のカードが表す時期でしょう。リーディングにおけるポジションと他のカードとの関係から、解釈と理解を導き出してください。

占託的意味

- 自由、自発性、向こう見ず
- 計画や思考よりも、本能からの行動
- すべては可能
- 愛、または新しいアイデアに賭けてみる
- 出発／開始

逆位置

- 警戒、成熟
- 行動する前に計画が必要
- 時として、用心深すぎる、心配
- 自分の本能とつながれなくなっている可能性

「愚者」のためのリーディング

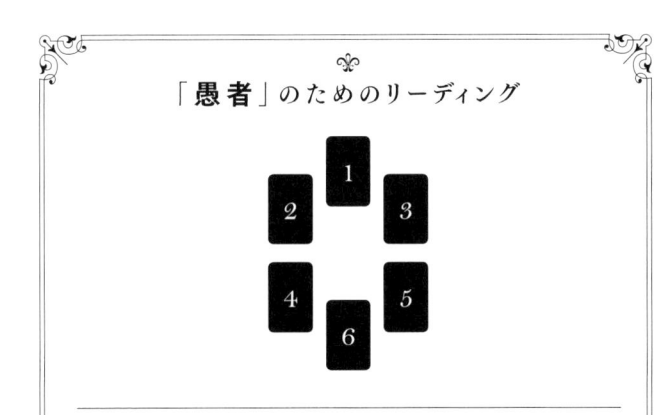

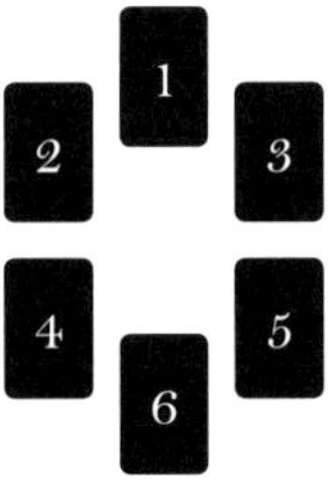

1 人生の中で、私はどんな「愚者」だった？
2 そのことはどんなふうに私を助けてくれた？
3 そのことはどんなふうに私を傷つけた？
4 私がもっと「愚か」であるべきなのは、どんな時？
5 「愚者」が役に立たないのは、どんな時？
6 「愚者」がくれるプレゼントは何？

1

魔術師

The Magician

keyword

創造性、魔法、能動的《アクティブ》な原理

彼は生命あふれる木陰に立っています。そこは情熱を表す赤いバラと、純粋さを表す白い百合に囲まれています。これと同じ２つの色が、彼のローブにも見えます。純粋な意思の白を、欲望の赤が覆っています。利己的ではない力。右手のクリスタルのような魔法の杖は天を指し、あたかも神々のエネルギーを降ろしているかのようです。左手は下方の花を指しています。彼は創造のしもべ。エネルギーが彼の中を通り抜け、彼はそのエネルギーに方向性は与えますが、コントロールしたり、捕らえておこうとしたりはしません。

エネルギーが流れるこの経験は、偉大な魔術師だけのものではありません。芸術家は皆このことを知っていますし、科学者も教師もアスリートも知っています。誰でも画家か作家に尋ねてみれば、彼らは皆、同じことを言うでしょう。「調子がいい時は、僕が何かしているというより、僕を通して何かがやってくれてるようなんだ。僕はその邪魔をしないようにしているだけなんだよ」と。

邪魔をしないだけでは十分ではなく、加えて技能、技術、献身が必要となります。『1.魔術師』が象徴しているのは、それが何であれ、高いレベルでの達成です。彼の前のテーブルには、小アルカナの４つの象徴、ワンド(芽吹いた棒)、カップ、ソード、ペンタクルがあります。これらは、『1.魔術師』が生命の４つのエレメント（火・水・風・地）に焦点を定め、方向付ける術を身につけていることを示します。強く献身的な意志の下で、すべてがつながり、動きだします。

１番目のカードとしての『1.魔術師』が表しているのは、目的、目覚め、行動に一心に集中するということです。『2.女教皇』が表す直感の闇に対して、『1.魔術師』は意識の光です。また、『2.女教皇』が純粋な女性性を表すように、『1.魔術師』は純粋な男性性を表します。これは『1.魔術師』は男性だけのカード、『2.女教皇』は女性だけのカード、という意味ではありません。私たちは皆、その時々においてそれぞれのやり方で、男性性または女性性の原理を体験しています。リーディングは、これら人生において移り変わるエネルギーの状態を見る手助けとなってくれます。実際のところ、これがリーディングを行う主な理由の１つでしょう。

ローマ数字では、「１」は「Ｉ」です。魔術師は、エゴを象徴しているのかもしれません。しかし彼は虚栄心を持ちません。そのかわり「Ｉ」は高次の目的と１つになった自己を表します。彼の頭上には、タロットでは伝統的に“レムニスケート（lemniscate）”と呼ばれる、無限大のサインがあります（このサインは『8.力』『ペンタクルの２』にも見られます）。腰の回りには、永遠を表す古代のシンボル、自分の尾を咬《か》んだ蛇をまとっています。無限大と永遠。どちらも「とても長い時間」を意味しているのではなく、「果てしなく終わりがない」という意味でさえありません。むしろこれらは、ある特別な瞬間の私たちの経験なのです。たとえば、リーディングをしていて、カードが示す真実が突然にあなたを貫くような、その瞬間のことです。

一方の腕を上げ、もう一方の腕を下げている魔術師のポーズは、偉大な秘教的原理「上の如く、下も然り」を象徴しています。レムニスケート、横向きの「８」は、「内の如く、外も然り」もお忘れなく、と示唆します。私たちの人生は、ランダムで、切れ切れでまとまりがなく、意味がないように見えるかもしれませんが、本当は人生の大きな流れのパターンとつながっています。レムニスケートはまた、私たちが高校の物理の授業で習った、あることを思い出させてくれます。「エネルギーは作ったり、あるいは破壊したりできない（エネルギー保存の法則）」ということです。人生で起こる出来事は、自分が本当には誰であるのかという、その内なる真実が反映されたものに過ぎません。こういった原理を、本当に体験する一番いい方法を知りたいですか？　それなら、タロット・リーディングをおすすめします。

占託的意味

- ◆意識、光、創造性、変容
- ◆最良の意味での男性性エネルギー
- ◆魔法についてどれだけよく知っていたとしても、それが起きるのは人生の今、この瞬間。『魔術師』は1番目のカードであり、新しいプロジェクト、あるいは人生の新しい段階がポジティブに始まることを意味する
- ◆高い目的と自分の意志に一筋に専心する。正しい決断を下し、行動に移す時

逆位置

- ◆ブロックされたエネルギー。それゆえ、気弱に感じる、または力を誤用する。自分の人生における純粋さと真実に、再びつながる必要があるかもしれない
- ◆何かをする、あるいは決断を下す必要性。「私は自分自身を疑い過ぎる？　どうやって高い目的に専念できる？」

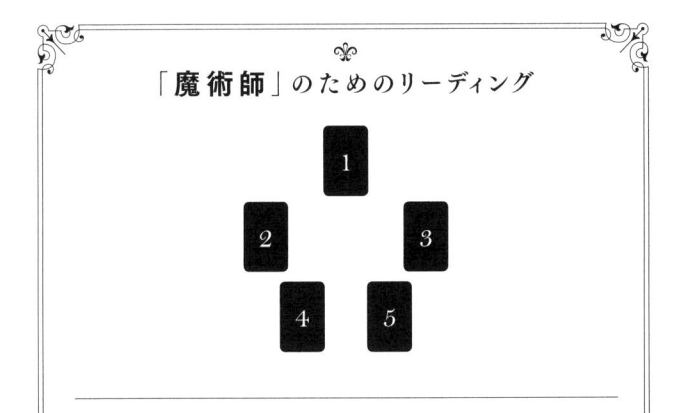

「魔術師」のためのリーディング

1　私にとって、魔法とは何でしょう？
2　私の人生で魔法はどんなふうに起きる？
3　魔法は、どこで見つけられる？
4　魔法は、どうやって見つけられる？
5　魔法は、どうやって役立てられる？

2

女教皇

The High Priestess

keyword

叡智、直感、静寂

彼女は光と闇を表す２本の柱の間に座っています。その膝には、彼女の秘密が隠された、くるりと巻かれた巻物があります。『1.魔術師』はコミュニケーションを取りますが、彼女は沈黙しています。『1.魔術師』は、エネルギーが自分の内側を通り抜け、それが行動と創造へと注ぎ込まれるに任せていますが、『2.女教皇』は、その叡智を内に収めたままです。規範や教えを与えている『5.教皇』とは異なり、『2.女教皇』は弟子もなく、独りで座っています。彼女の巻物には「トーラ（Tora）」とありますが、毎土曜日の朝に読まれるユダヤ教の律法「トーラー（Torah）」とは異なり、彼女の法は開かれることなく、人々の目に触れることはありません。その理由は、『2.女教皇』が知る真理は、言葉や説明に置き換えることが不可能なものだからです。言葉を超えた何かを理解した、と感じたことはありませんか？　あまりに深くて、誰かに詳しく説明しようとすると、途端に無意味になってしまうようなことを。これが『2.女教皇』です。

『2.女教皇』は最初、「Papesse（「法王」の女性名詞）」または「female pope（女の法王）」と呼ばれており――ヨーロッパのデッキでは「教皇（Hierophant）」が「法王（Pope）」と呼ばれているように――男性聖職者全体が持つ優位性――加えて「神（God）」の代名詞に男性名詞「彼（He）」を使用する習慣――とのバランスを取る、女性のスピリチュアルな力を表しています。その重要性もさることながら、彼女はそれ以上の、まさに神秘そのものを体現した存在なのです。

両側の柱にある「B」と「J」は、古代エルサレムにおいてソロモン神殿の入り口に立っていた円柱、ボアズ（Boaz）とヤキン（Jachin）だとされています。中国の陰陽のシンボルのように、黒い柱には白い文字が、白い柱には黒い文字があります。この完全な静寂、言葉を超えた明晰《めいせき》さの瞬間を見出した時、私たちは、すべての状況にはその逆の要素の種が含まれていることを知ります。
「女教皇」は、古代世界で「千の名を持つ女神」として知られていた、女神イシスのローブを着ています。片足は三日月の上にあり、彼女の王冠は月相そのものです。角はいずれも月の満ち欠けを表し、中央の円形は満月を表します。

背後のカーテンは、光の輪で囲まれたザクロの模様です。生命を与えるジュースとたくさんの種で満たされたこの官能的な果物、エストロゲンを多く含むこの植物は、『2.女教皇』を生者の世界と死者の国を行き来する女神ペルセポネと結び付けます（『3.女帝』と『17.星』の項を参照）。また、ザクロはユダヤ教、そして後にキリスト教神秘思想の伝統となり、タロットと一体化したカバラと『2.女教皇』を結び付けます。カバリストは、スピリチュアルな楽園を「ザクロの園（Pardes Rimmonim）」と表現します。そしてザクロの模様のパターンは、「生命の樹」として知られる意識の地図を示唆しています（「生命の樹」全体の配置パターンについては、『ペンタクルの10』を参照）。

こういったシンボルはすべて、カードを理解するためには膨大な学習が必要だと、私たちに迫っているのでしょうか？

円柱とカーテンの間の隙間をよく見てください。彼女の背後には何がありますか？　水です。秘められた神殿でもなく、本の山でもなく、ただの静かな水。平和と深淵のイメージです。彼女は叡智の巫女であって、情報の巫女ではありません。タロットは、その複雑な象徴性を学ぶよう誘いますが、勉強したり暗記したりすることを迫っているのではないのです。

占託的意味

- 活動よりも、沈黙と静止の時期
- 自分の直感を信じる、自分自身でいる
- 説明する必要のない神秘と真理を感じる
- 細かく指示を与えるよりも、その人が自分で道を見つけられるよう助ける、というスタイルのリーダーシップ

逆位置

- 外部の活動に関与する、または他の人々といる必要性
- コミュニケーション、発想や知識を共有する
- 情熱を表現する必要性
- 態度や立場を明確にする、または何かに献身的に取り組む必要性
- 状況によっては、誰かからのプレッシャー

「女教皇」のためのリーディング

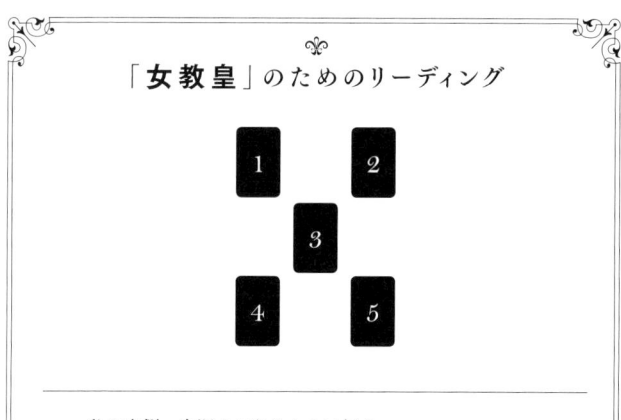

1　私の内側、奥深くにあるものは何？
2　私はどうやってそれを知ることができる？
3　私はどうやってそれに忠実であれる？
4　私が誰かに与えるべきものは何？
5　私が内に留めておくべきことは何？

3

女帝

The Empress

keyword

情熱、愛、母性、豊穣

大アルカナの最初の５枚のカードは、どれも互いにペアを形成します。『1.魔術師』と『2.女教皇』は、光と影、活動と静止、男性と女性という基本原理を表します。同時に、『2.女教皇』は『5.教皇』ともペアとなります。『3.女帝』と『4.皇帝』は、明らかに一組のカップルですが、『4.皇帝』と『1.魔術師』も、それぞれに動的な男性的エネルギーを象徴する一組です。そして『4.皇帝』と『5.教皇』は、どちらも規範や規則、教義を定めます。

『3.女帝』と『1.魔術師』に関して、「黄金の夜明け団」は『3.女帝』をヴィーナス（ギリシアではアフロディーテ=Aphrodite)、『1.魔術師』をマーキュリー（ギリシアではヘルメス=Hermes）と結び付けています。この２つの名前を一緒にすると、「両性具有（hermaphrodite)」、男性性と女性性の完全な融合を意味します。

しかしながら、もう１つ、『2.女教皇』と『3.女帝』の、女性性の２つの側面を表すペアがあります。自己完結的な処女の『2.女教皇』と、社交的で情熱的な『3.女帝』。優美なカップルが描かれた『6.恋人たち』のカードと違い、『3.女帝』にはパートナーがいないことに注目してください。『3.女帝』の持つ愛の女神のセクシュアリティは、彼女自身の生命エネルギーであり、誰か異性との関係についてのものではありません。『3.女帝』の情熱は、彼女の行いすべてに流れ込み、それは王座の下へ流れ込んでいる川に注ぎ込む滝のようです。

12個の星で飾られた王冠は、十二星座を表しており、彼女が天の女王であることを示しています。『2.女教皇』を聖処女マリアと見るなら、『3.女帝』は聖母マリアと見ることができます。それゆえ、リーディングでは『3.女帝』は実際の母性または妊娠を表すことがあります。カードの絵柄を、妊娠した女性を表現していると見る人もいます。カードを眺め、自分で判断してみてください。

天の女王の星の王冠の他に、『3.女帝』は２つの女神のシンボルを身につけています。ハート型の盾にある女性のシンボルは、情熱的な、留まるところを知らない愛を支配するヴィーナス／アフロディーテのサインです。周囲に育つ麦からは、彼女が植物と農業の女神デメテルであり、献身的な母性を象徴していることがわかります。デメテルの娘ペルセポネ（『2.女教皇』と『17.星』の項を参照）は、死の神ハデスの花嫁にされるために、冥界へ連れ去られてしまいました。

子どもを失ったことを嘆き、泣き叫んでいるデメテルに、神々は文句を言わないよう助言しました。死の神は完璧な夫になる、と神々は言います。莫大な富、永遠に途切れることのない崇拝者の行列。しかしデメテルは助言を拒否しました。彼女は、神々の王であるゼウスが死の神にペルセポネを返すよう命じるまで、植物の成長を止めてしまいました。この偉大な物語の教訓は何でしょう？　母というものを決して見くびるな、ということです！

アフロディーテとデメテル。情熱的な女性の２つの側面です。ここには、カードを通じて学ぶタロットの最も重要なレッスンの１つを付け加えるだけで十分でしょう。すなわち、『3.女帝』は女性のためだけのカードではないということです。もし男性にこのカードが出てきたら、それはその人の母親、愛する人、または妻を意味するかもしれませんし、その人自身の情熱や献身の表現を指しているかもしれないのです。

占託的意味

- ◆情熱、感情、生命の愛、自然の愛
- ◆質問者の母親、または質問者自身が母親であることを意味することも
- ◆時として（他のカード次第で）妊娠。満足、喜び、官能性

逆位置

- ◆思慮深さ、警戒、感覚よりも知性
- ◆支配的な母親、または厳しい母親との問題
- ◆場合によっては、妊娠に困難があること

「女帝」のためのリーディング

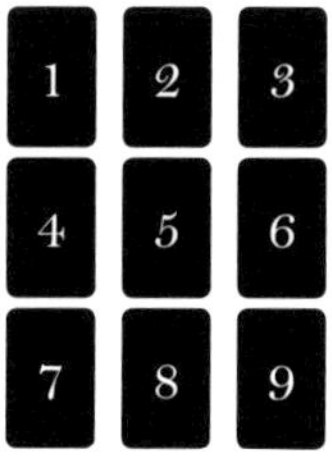

1 私の情熱とは？
2 私はそれをどう表現してきた？
3 それをもっと自由に表現できる？
4 私を妨げているものは何？
5 私を自由にするものは何？
6 私が育てるものは何？
7 育てるために求められているものは何？
8 それが私に与えてくれるものは何？
9 私の情熱と、私が育てるもの。その両立の方法は？

4

皇帝

The Emperor

keyword

ルール、構造、父性、社会

『4.皇帝』の前に『3.女帝』が来ているということには、男性のほうがむしろ女性の配偶者であるという、古代の観点が反映されています。すなわち、父親が子どもを育てる母親に種を提供しているのはわかっていますが、母親はもっと親密な、それ以上のことをしているのだということを、私たちのほとんどは知っているからです。家族という枠を超えて見てみると、社会の前に、自然が来ます。『3.女帝』が、愛情深いすべてを受け入れてくれる母親像を表しているとすれば、『4.皇帝』は強い、時として厳しい父親の役割を担います。

『3.女帝』が、尽きることのない自然の肥沃さと豊穣であるなら、『4.皇帝』は、社会のルールと規範、構造です。『4.皇帝』は、政府、法律、権力、文明そのものを象徴していることもあります。

彼を険しく冷たい人物と見ることは簡単です。砂漠の中の王座に座り、その体は鎧で覆われ、背後には険しく不毛な山々が連なります。『3.女帝』に描かれた、湧き上がってくる水はどうでしょう？　滝から湧き上がった水は王座の下を流れ、細流となり、石の洞窟に道を切り開きます。実際のところ、『4.皇帝』のカードを嫌う人は多く、しばしば、たとえば『15.悪魔』よりも嫌われます。しかし、もし社会に構造というものがなかったら、私たちは生きていけるでしょうか？　自然の中で過ごすことが大好き、という人は多くいますが、それがもし自分で家を建てなければならず、食べ物も自分で狩猟や採集をして集めてこなければならないとしたら、それでも自然が好きと言えるでしょうか。

『4.皇帝』は、その人の実際の父親、あるいは父親になることとその責任を意味するのかもしれません。他のカードで見てきたように、このカードの性質も、女性にも現れることがあります。女性が自分の生活や人生を構築する時、あるいはルールを定める時。また、価値あるものを守る時や、何かに対する見解や立場をはっきりと取る時。彼女たちは『4.皇帝』となるのです。パメラ・スミスはこのカードを、畏怖を覚えるような厳しい人物として描きました（あの鎧は愛情あふれる抱擁をはねつけます！）。それはまるで私たちが、怒った父親、その父親のしかめた顔、懲罰への恐怖を見つめている子どもになったかのようです。私たちがこのカードを見る時、その視点にはしばしば、幼さがあります。しかしながら、自分には力があり、積極的にルールを定めたり、自分にとって大切なことを守れる存在なのだ、と考えられるよう学べば、このカードは爽快なものとなるでしょう。

タロット数秘術では、『0.愚者』は22番目のカードとなります。２＋２＝４、すなわち『4.皇帝』です。この２枚のカードは、対極にあることによってつながっています。踊りだしたくなるような、屈託のない子どもである『0.愚者』と、ルールと責任に対するコミットメントを持つ『4.皇帝』。「０」としての『愚者』は、自分を制限しようと試みることすらしません。「４」としての『皇帝』は、家を取り囲む頑丈な四方の壁のような存在となります。『0.愚者』のほうが楽しいでしょうか？　そうかもしれません。私たちは外側から『4.皇帝』を見る傾向があります。しかし、彼のパワーを体験することは、どんな感じでしょうか？　また、人生を引き受ける能力とは、どのようなものでしょうか？

占託的意味

- 社会、権威、責任
- ルール、政府、上司あるいは権力者
- 質問者の父親、または質問者自身が父親である（または父親になる）ことを意味することも
- 自分の人生に責任を持つ、または大切なものを守る

逆位置

- 未熟さ、責任からの解放
- 優しさ／穏やかさ、愛情に満ちた親、特に慈愛に満ちた父親のような存在
- あるいは（特に1枚かそれ以上の、逆位置の「キング」がある場合）職権の乱用

「皇帝」のためのリーディング

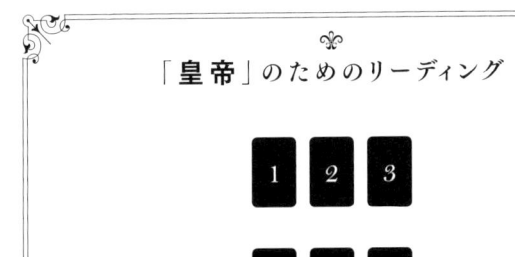

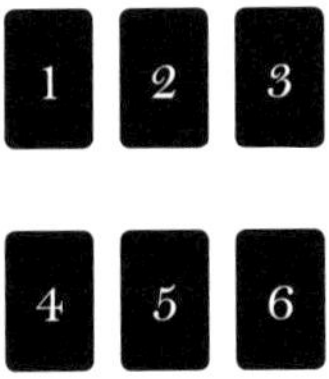

1 人生において、私はどんな「皇帝」でしょう？
2 私が「皇帝」でないのは、どんな時？
3 私は何に対して責任があるでしょう？
4 私の弱点は？
5 私の強さは？
6 私の人生を支配するルール、意識的あるいは無意識的なものは何？

5

教皇

The Hierophant

keyword

伝統、規則・慣例への服従、スピリチュアルな祝福

このカードは当初、「法王（Pope）」という名前でした。そのことは、カードの絵柄に残されています。冠をつけた法王が高座に座り、２人の修道僧が法王の前にひざまずいています。「祭司（Hierophant）」という称号は、秘密の教義と霊的イニシエーションを教えることを目的とした、古代の密儀宗教の学派に由来します。「Hierophant」とは、「神聖なるものと、その隠された意味を示す（あるいは明かす）人」という意味です。それゆえ、修道僧は単に権威に服従しているというのでなく、祝福と叡智に自らを捧げているのです。『1.魔術師』のように、また『15.悪魔』もそうしているように（『悪魔』のナンバー「15」は、『1.魔術師』の「１」と『5.教皇』の「５」で構成されます）、『5.教皇』は右手を上に上げています。『1.魔術師』のようにワンドを掲げる代わりに、『5.教皇』は、２本の指を上げ、２本の指は下げる所作をとっています。これは事実、聖職者による祝福のジェスチュアです。またこれは、偉大なる金言「上の如く、下も然り」を象徴しています。私たちの小さな命は、より大きなパターンに属し、私たち個々の行動には重要な意味がある、ということです。『5.教皇』は上位世界と下位世界をつなぐ橋—法王（pope）の称号、「pontiff」は「橋」という意味です——の役割を果たしているのです。

あらゆる宗教の“教会”と聖職者は、ただ神の祝福を伝えているだけでなく、規範や道徳、どのように振る舞うべきか、またどのように考えるべきかといったことまで、伝統的な考えを教えています。たいてい彼らは、私たちが皆それに従うことを期待します。それゆえ、修道僧たちも『5.教皇』の権威の前にひざまずいているのです。多くの人はこのカードを嫌います。「言うとおりにしなかったら、地獄に落ちるぞ」

と脅されながら、厳しい宗教的な教育を受けて育ってきて、それに反発している人たちは、特にそういえます。１つ前のカード『4.皇帝』と並び、『5.教皇』は権威、あるいは皆があなたに従うよう期待して、あなたの前に敷かれた道を意味します。たとえば、しかるべき学校に通い（『0.愚者』のように、世界を見るために道を外れてしまうのではなく）、家業を継ぎ、釣り合いの取れた相手と結婚し、子どもをもうけるといったこと――私たちは皆、自分の例を挙げることができるでしょう。それに従っているかどうかはともかく。

聖職者は結婚を執り行いますので、このカードも結婚を意味する場合があります。ただし『3.女帝』『6.恋人たち』または『ワンドの４』のようなカードがない場合は、『5.教皇』が結婚を表しているとしても、これは愛に関することというより、法律やルールに関する事柄です。また、既婚を意味することもあります。もし、新しく始まった心ときめく関係についてのリーディングにこのカードが出た場合、その人が既婚であると示唆しているかもしれません。『ソードの７』が一緒に出てきていれば、特にそれが言えます。

３つの部分から成る絵柄を持つカードは多くあります。つまり、１人の人物が、他の２人の人物の上方にいる図です。『5.教皇』はこのグループの最初のカードです。このカードでは『5.教皇』と２人の修道僧がいるのがわかります。続いて、天使が男性と女性を祝福している『6.恋人たち』、そして２頭のスフィンクスの上に立つ『7.戦車』。すべてのカードがこの形式に従っているわけではありませんが、たとえば２人の乞食の上に商人が描かれている『ペンタクルの６』といった小アルカナカードも含め、多くのカードにこのパターンを見ることができます。どのカードを見ても、真ん中に支配的な人物がいて、人生の異なる側面をまとめているのがわかるでしょう。このカードでは、それは伝統であり、霊的／精神的な教えであり、また宗教的慣習や、他人からの期待に従うことでもあります。

占託的意味

- 霊的／精神的な教えと法律、教育一般
- 規則や慣例などへの服従
- 社会的役割や家族からの期待によって、敷かれた道に従う
- 祝福、あるいは結婚

逆位置

- 規則や慣例に従わない、反抗、自分の人生を歩む
- 独自の考え、しかし、騙されやすいことを示唆している可能性も
- （場合によっては）カルト

「教皇」のためのリーディング

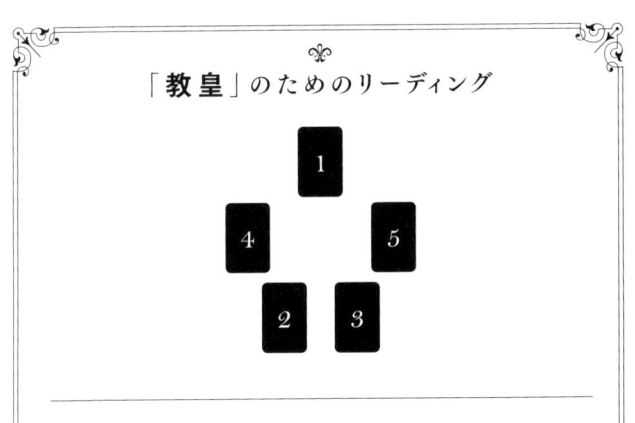

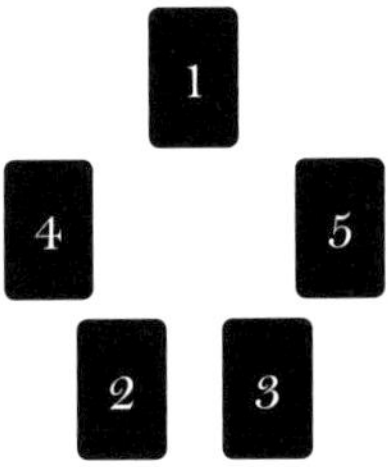

1　私の人生に伝統が与えている影響は何？
2　私が学んできたことは何？
3　私が手放した伝統は何？
4　誰かに私が教えるべきことは何？
5　どうすればこの役割を果たすことができる？

6

恋人たち

The Lovers

keyword

人間関係、愛、決断すべき選択

『13.死』『0.愚者』（そしてすべての小アルカナカードも！）と共に、このカードは伝統的なタロットから、ウェイト版において最も劇的な変化を遂げたカードの１枚です。それまでのバージョンでは、カードの名前も単数形の「Lover」か、もしくはただ「Love」であり、１人の若い男性の両側に２人の女性がいて、あたかも男性がどちらかの女性を選ばなければならない、といった場面の絵が描かれていました。寓話的な解釈の１つは、１人の女性を“美徳”、もう１人を“悪徳”として、「道徳的な選択はさてどちら？」というものです。男性は若者で、彼の上の方にはキューピッドがおり（古いデッキでは、天使ではありませんでした）、若者に矢を放とうとしています。これは、私たちは何かを選択する際、時として欲望か、感覚か、はたまたホルモン分泌に基づいて選択を行っているということを思い出させてくれます。

カードの並びにおいて、『6.恋人たち』とその次に来る最初の７枚のグループ最後のカードは、青年期を表します。『0.愚者』（人生の旅を始めた魂）は、『1.魔術師』と『2.女教皇』すなわち男性性と女性性のエネルギーの偉大なるアーキタイプ（元型）と出会い、“母親”と“父親”（『3.女帝』と『4.皇帝』）と共に成長し、そして『5.教皇』で自分の文化の伝統を学びます。これらはすべて、外的な出来事です。青年期に入ると、私たちは両親や先生から離れて、自分自身の経験をし始めます。私たちはこれを感情的な側面から経験することもありますし、知的な側面から経験することもよくあります。時として道徳的な面から経験することもありますが、ともかく、両親や先生とは異なる価値を選ぶわけです。しかし、何よりもまず、ホルモン分泌とその人の性格に突き動かされて、自らのロマンティックでセクシュアルな選択を行うのです。

ウェイト版では、このカードには青年期の選択というより、深い愛のイメージが見られます。ただのカップルではありません。この人物たちは、実にアダムとイヴであり、生命の樹と知恵の樹の前に立っています。しかし、私たちが皆知っている聖書の物語とは大きく違う点があります。彼らは罪深くも堕ちてもなく、理想化されています。伝統的な物語では、神は2人をエデンの園から追放し、彼らが戻ってくることのできないよう、炎の剣を持った天使を門番として置きます。このカードでは、大天使ラファエルが彼らを結び付け、祝福しています。ラファエルが意味するのは、神の癒やしの力です。ですから、このカードのメッセージは「愛は癒やす」となります。

このカードでは、アダムとイヴは、堕落もなく、あるべきであった姿として描かれており、それゆえ理想的な関係のモデル、欲望だけでなく霊の結び付きを表しています。また、これら3人の人物を合わせて、1人の人間の自己のモデルとして見ることもできるかもしれません。男性が合理的知性を象徴し、女性が感情を象徴します。アダムはイヴの方を見ており、イヴは天使というハイヤーセルフを見上げています。天使は両腕を伸ばし彼らを祝福します。言い換えるなら、合理的知性は、感情／感覚を旅しない限り、高い次元に至ることができないということです。

大アルカナの最初の6つの数字を使ってできる面白いゲームがあります。1と2(つまり基本的なアーキタイプ(元型)である『1.魔術師』と『2.女教皇』)を足すと、『3.女帝』、つまり自然が得られます。1＋2＋3というように足すと「男性と女性が情熱で結びつく」となり、『6.恋人たち』が得られます。『4.皇帝』のルールを持ち込むと、1＋2＋3＋4=10、つまり『10.運命の輪』、宿命とカルマの法となります。ここに『5.教皇』の教条、5を足してみましょう。『15.悪魔』となります（聖職者ほど頻繁に地獄を話題にする人はいません！）。しかし、そこに『6.恋人たち』を足すと、1＋2＋3＋4＋5＋6＝21で、『21.世界』、大アルカナのクライマックス、霊的／精神的達成のシンボルとなります。愛は、究極の救いなのです。

占託的意味

- ◆愛、深い関係、選択、欲望
- ◆ビジネスやクリエイティブな仕事における良いパートナーシップ
- ◆合理的知性と感情が互いに調和している

逆位置

- ◆人間関係をあれこれする時期ではない（特に『隠者』や『女教皇』が一緒に出てきている場合）
- ◆結婚や異性との関係での困難
- ◆感情と考えまたは価値観の間の葛藤

「恋人」のためのリーディング

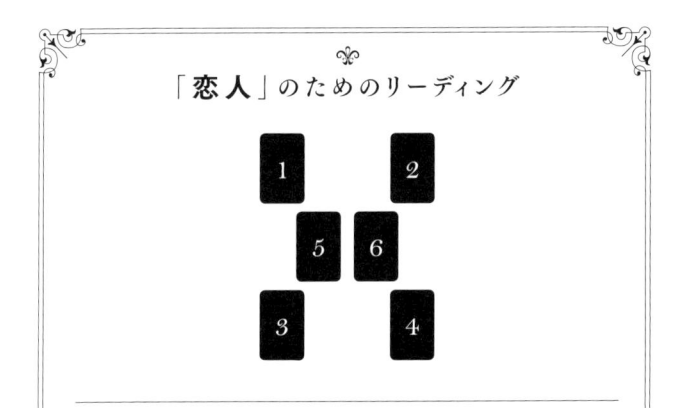

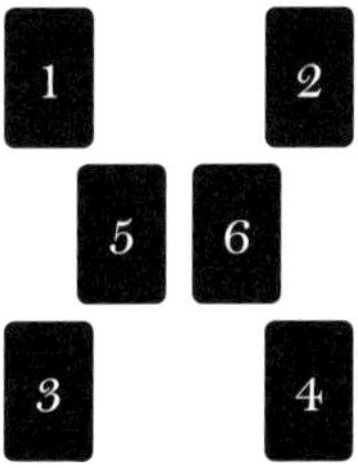

1 私は今までにどのような愛を経験してきた？
2 そこからもたらされたものは何？
3 私が欲しているのは何？
4 私を押しとどめているものは何？
5 愛が私に求めるものは何？
6 愛が私に与えてくれることは何？

7

戦車

The Chariot

keyword

意志、成功、力

『7.戦車』は、“勝利”のカード３枚（７枚ずつの流れの最後を飾るカード、すなわち『7.戦車』『14.節制』『21.世界』）のうちの最初のカードです。このカードで、人生の外的側面での課題を終え、成功した人物となります。『0.愚者』は大人になり、おそらくは街へと移り、最初の（２頭のスフィンクスに引かれた）戦車を得たのでしょう。より広い視点で見てみるなら、現代の英雄たち、たとえばスポーツのチャンピオン、宇宙飛行士、または国家の指導者たちが、群衆の歓声の中、オープンエアのリムジンに乗って回るように、古代の英雄や王様は、戦車に乗って街中を回っていたことが思い起こされます。

　このカードには、それまでの６枚の各カードとの象徴的な関連性が見られます。それはまるで、『0.愚者』がすべてのカードを自分の中に取り込んだ姿のようです。『7.戦車』の人物は、『1.魔術師』のように杖を持ち（より長いですが）、両肩の三日月は『2.女教皇』を思い起こさせます。悲劇と喜劇の舞台で使われる有名な仮面のように、一方の三日月上の仮面は口角を上げて笑い、もう一方は眉をひそめています。これらは人生における経験の多様さを表しています。たくさんの星で彩られた天蓋は、星の冠もあわせて『3.女帝』の十二星座のティアラを想起させますし、一方で戦車そのものの四角い形と、彼の背後の街は『4.皇帝』による法律と社会の堅固な構造を示唆しています。黒と白のスフィンクスからは『5.教皇』の弟子たち、あるいは『2.女教皇』の円柱が思い浮かびます。さらに微妙ではありますが『6.恋人たち』も見つけることができます。戦車の正面の、ナットとボルトのようなものです。これは「リンガム」「ヨニ」と呼ばれているインドのシンボルで、ヒンドゥ教の女神シャクティの子宮=ヨニを貫通する、シヴァ神のリンガム=男根です。

このカードは、１人の人物が他の２人の人物の上にいる図を示している、連続した３枚のカードのうち３番目のカードです。『5.教皇』と２人の修道僧、天使が祝福している『6.恋人たち』、そして鎮座したスフィンクスの上に毅然として立つ『7.戦車』の馭者《ぎょしゃ》。このスフィンクスの色は、人生における対立したものごと、または矛盾を象徴しています。このスフィンクスを抑えている手綱はありません。馭者は集中した意志により２頭をまとめています。彼の手にしている力や成功は、外的な称号や、社会からの認知によるものではなく、自分のエネルギーを向ける方向をコントロールし、自分が思い描いたとおりに人生を創る能力ゆえなのです。しかし彼は実際に矛盾を解決しているわけではなく、意志の力でそれらをまとめているのです。

『7.戦車』の四角いグレーの車体は、物質世界を象徴しているのかもしれません。彼は自らの成功の中で、立ち往生したのでしょうか？　このような瞬間には踊る『0.愚者』のような自由を得て、過去の成功を手放し、旅の次なる段階へと自分を開く必要があります。彼の胸にある白い四角は、物質を表しています。７番目のトライアドで、このカードの下にある『14.節制』では、四角形の中に三角形が描かれ、物質の中の霊性を表しています。一方で、３番目のカード『21.世界』では、女性が卵型をした勝利のリースの中でダンスをしています。

両肩にある悲しみと喜びの仮面の間で、彼の顔は何の感情も表していません。上と下の世界の間で振り子のように往復する宇宙の法則から、彼は離脱できたでしょうか？　あるいは、また別の仮面を着けるだけでしょうか？

占託的意味

- ◆この世界での成功、強い意志、達成、他者からの尊敬
- ◆外側には平静を保ち、感情を内側にしまっておく
- ◆（文字どおり）旅行、あるいは新しい車

逆位置

- ◆弱い意志、遅れ、または後退、矛盾した事柄をまとめるのに困難がある
- ◆時として、自分の本当の感情を表に表す、または、何かから去る自由
- ◆旅行のキャンセル、または車のトラブル

「戦車」のためのリーディング

このスプレッドのポジションは、大アルカナの最初の８枚に基づいています。カードがそれ自身のポジション、たとえば『皇帝』がポジション４に出てきたら、そのカードのパワーはより強いものとなります。

0 「愚者」人生のこの時期に、私は何に飛び込もうとしているのでしょう？

1 「魔術師」エネルギーは、魔法はどこにありますか？

2 「女教皇」秘密、あるいは隠されていること、語られずにいることは何？

3 「女帝」私の情熱の源は何？

4 「皇帝」私が従っている（隠れていたり、無意識的であるかもしれない）ルールは何？

5 「教皇」私に敷かれたレール／道は何？

6 「恋人」私は情熱をどのように表現していますか？

7 「戦車」すべてが向かっている方向はどこ？

8

力

Strength

keyword

人間的強さ、ネガティブさを変容させる、心が開かれていること

他のどのカードよりも、『8.力』がリーディングに出てきたら、質問者に（あるいは自分自身に）こう尋ねる必要があります。「この言葉［力］の意味は？」と。“強い”とは、どういう状態でしょうか？　というのは、突き詰めればそれこそが、このカードがあなたに言わんとしていることだからです。カードが示すのは、あなたには強さがある、または強さが必要であるということ。ギリシャ哲学の四元徳の１つ「不屈の精神（fortitude）」とも呼ばれますが、この美徳はたくさんの異なる意味を持っています。

多くの人にとっては、これは自分に対する内なる信念を意味します。正しいことを実行する力、困難な道を歩き続ける力だという人もいます。中世においてこのカードは、動物的な欲望を克服することを意味していました。初期の絵柄では、ネメアのライオンを棍棒で殴っているヘラクレス（「ヘラクレス十二の功業」の最初の試練）が描かれていることがあり、まるで私たちが、下位欲求を殴って力で降伏させることができるかのようです（悲しいことですが、人々は正にこの理由から、子どもたちを殴るのです）。

美徳はしばしば女性として描かれたため、このカードの絵柄も変化し、攻撃性よりも優しさと自信でライオンを鎮め、支配している女性像となりました。人物の多くが両性具有的に描かれていることで有名なこのウェイト版において、不屈の精神／勇気を表している人物が、（『3.女帝』をも凌ぎ）最も女性的な人物像の１つとなっている点は、注目に値します。彼女はライオンを愛撫し、飼い慣らし、鎮めています。ライオンは尾を後足の間に垂れ、子犬のようです。『7.戦車』が見せてくれたのは「男性的な意志の力で、人生の困難を克服する」ということでした。このカードでは、制圧するよりむしろ飼い慣らす、女性的な「力」を見ることができます。

大アルカナの３枚のカードでは、人間と動物が近しい関係で描かれています。『0.愚者』と彼の犬、『8.力』の女性とライオン、『19.太陽』の馬に乗った子どもです。どのカードでも、動物の性質が人間の意識のパートナーとなっていますが、中でも『8.力』の女性とライオンが最も近しく思えます。

『7.戦車』から『8.力』へと移るポイントは、なじみのあるものすべてを後にして、次の段階へと進もうという『0.愚者』の意欲が最も必要となる場所です。というのも、成功と達成、周りからの賞賛を投げ捨てて、死と変容へとつながる世界への奇妙な内的旅に出るなんて、それほどばかげたことはあるでしょうか？

彼女は赤いバラのベルトのようなものを身に着け、頭にはバラのティアラがあります。バラは欲望を象徴しています。そして、ライオンと同様に、彼女の人間意識、つまり白いドレスに象徴される彼女の純粋な意図は、彼女が欲望に支配されていないということを示しています。彼女の頭にあるこのシンプルな花と葉の輪を、『3.女帝』の“天の女王”の星の冠、あるいは『2.女教皇』の月の頭飾りと比べてみると、『8.力』は大地に属し、自然に根差しているのがわかります。自然を征服するのではなく、向かうべき方向へと導く、環境保護運動の象徴としてこのカードを捉えることもできるかもしれません。自然の環境であるにもかかわらず（他の大アルカナカードで、これほど大きく自然が描かれたものはありません）、空の色は黄色であり、このことは知性との関わり、または自己認識を意味しています。西洋的な色彩のシンボリズムでは、黄色が表しているのは“精神／知的活動”だからです。

彼女の頭上には『1.魔術師』の頭上にあったのと同じ、無限性のサインを見ることができます。ちょうど『1.魔術師』が７枚組みの最初のラインを開始するように、『8.力』が２番目のラインを開始します。私たちの内的性質と調和した真の力／強さは、私たち自身から溢れ出て、決して尽きることはありません。

　では、あなたにとっての「力／強さ」とは何でしょうか？

占託的意味

- ◆自信、穏やかな強さ、心が開かれていること、破壊的な衝動を克服する
- ◆優雅さと勇気をもって、困難に対処する力
- ◆動物を愛する人

逆位置

- ◆弱さ、疑い、あるいは抑えがたい破壊的欲求
- ◆質問者に「あなたにとって"力／強さ"とは何ですか？」と尋ねるのと同じように「あなたにとって弱さとは何を意味しますか？」と聞いてもよい
- ◆逆位置の「力」は、自分の限界を知る、ということを意味する場合も

「力」のためのリーディング

1　私はどのように強い？
2　私はどのように弱い？
3　私が強くある必要のある時は？
4　私が弱くある必要がある時は？
5　私を強くするものは何？
6　私を弱くするものは何？

9

隠者

The Hermit

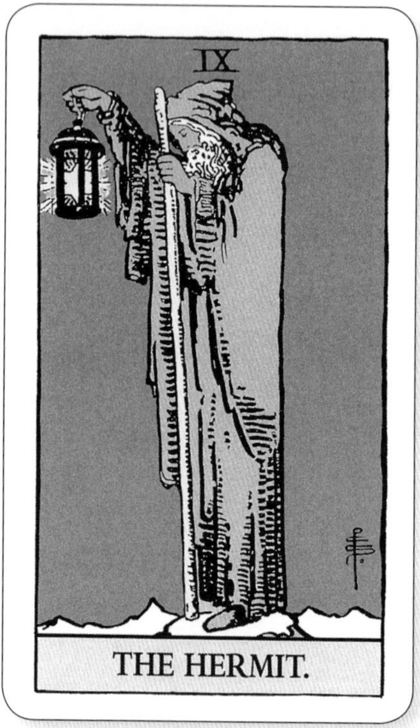

keyword

独りでいる、叡智、知恵、ガイダンス、成熟

タロットをあまりよく知らない人が、リーディングにあまり出てきてほしくない、と思うカードが何枚か存在します。『13.死』や、おそらく『15.悪魔』、またいくつかのソードのカードです。実際にはこれらのカードは、その恐ろしげなタイトルやイメージを超えた、価値ある重要な意味をそれぞれに持っているのですが、見る人を狼狽《ろうばい》させる場合があるのです。普通『9.隠者』のカードがこのように捉えられることはありませんが、たとえば「近いうちに私は自分のソウルメイトに出会えるでしょうか？」とカードに問いかけて、もし『9.隠者』のカードが出た場合、山の頂上にたった独りでいるマントを着た人物を見たら、おそらくあまりうれしい気はしないでしょう。

しかし、あなたはもう一度、このカードを見てみる必要があるかもしれません。というのは、あなたは現時点では、パートナーを探し求めていない、ということを暗示している可能性もあるからです。もしかすると、あなたは自分自身をもっと知ろうと欲しているのかもしれません。あるいは、独りでいる楽しみを学び始めたという意味かもしれません。

あまり細かくいろいろなものが描かれておらず、とてもシンプルなカードに思えますが、このカードは知識とシンボルの宝庫です。まず『9.隠者』その人からスタートしましょう。世界中の様々なイメージに関するカール・ユングの理論において“アーキタイプ（元型）”と呼ばれる様々な人物像には、互いに対極に位置している種類のものがいくつか存在します。そのうちの１つのペアは、老賢者と永遠の少年です。『9.隠者』と『0.愚者』ですね。彼らはどちらも山の上に立っていますが、『0.愚者』が今にも飛び出しそうな様子であるのに対し、高みの頂きに上ってきた『9.隠者』は、今彼がいる場所に留まっていることに満足しているようです。

『9.隠者』は知恵の光たるランプを手に持ち、彼に続く人々の道案内をします。『5.教皇』と同様、『9.隠者』も教師ではありますが、『5.教皇』が法律や文化的伝統の外面的なことを教えるのに対し、『9.隠者』は内なる真実の光を差しのべます。彼は弟子をとることに関心を持ちませんが、彼を求める人たちを導きます。

ランプの中には、六芒星《ろくぼうせい》が見えます。ユダヤ教の文化的シンボルとして有名ですが、１つが上向き、もう１つが下向きの２つの三角形を合わせた形は、もともとは２つの最も基本的原理（火と水）の融合を意味していました。旧石器時代より、上向きの三角形は強力で男性的な“火”を表し、下向きの三角形は生命を与える子宮の“水”を象徴していました。ということは、『9.隠者』は結局、愛と恋愛関係への道を照らすのかもしれません。６つの点を持つ三角形は『6.恋人たち』を暗示しているのですから。そしてもちろん、『9.隠者』の９と『6.恋人たち』の６は、互いに鏡像となっています。

大アルカナの７枚組み３段階構造において、男性である『9.隠者』は『2.女教皇』の下に位置し、女性らしい『8.力』は『1.魔術師』の下に来ています。反対同士、対になった組み合わせが変化し始め、位置を交換すらしていきます。私たちは『16.塔』（『9.隠者』の下に位置するカード）が、どのようにして極性を完全に反転させるのか、それを見ることになるでしょう。

『9.隠者』は、２通りの捉え方ができます。１つは自分自身として、もう１つは教師／導き手として捉える方法です。自分自身として考える場合は、独りになりたいという思い（あるいは必要性）、自分の道を追求すること、そしておそらく、真実の自己を照らす光を掲げること、ということもいえるでしょう。一方、私たちの人生に登場する誰か別の人を意味することもあります。教師、カウンセラー、ロール・モデル(手本となる人)、賢明な友人など、道を照らしてくれる人です。

占託的意味

- 独りになる、自己に関する真実を発見する、自分の内側を見つめるべき時
- 成熟。特に『愚者』または冒険心溢れる「ナイト」に代わる存在として
- 場合によっては、ある種のスピリチュアル・ガイド、カウンセラー、ロール・モデル、個人的な師
- 秘教的な知恵

逆位置

- 他の人たちと過ごすべき時、社会に参加すべき時（特にある期間、人と交わらず、孤立した後に）
- あるいは、未熟さを意味することも

「隠者」のためのリーディング

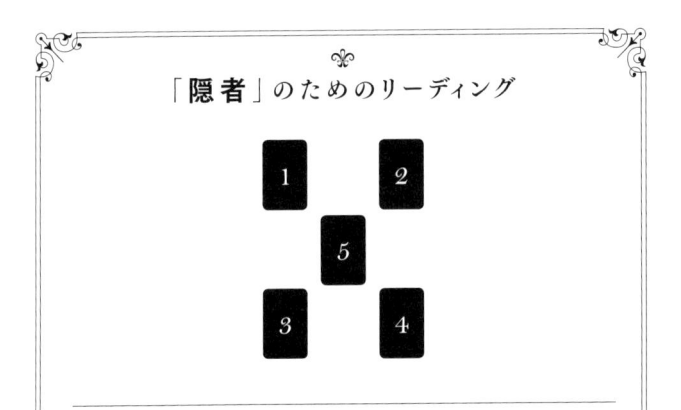

1 私が自分一人でしなければならないことは何？
2 何／誰が私の教師なのでしょう？
3 私の光は、どこで見つけられるでしょう？
4 その明らかにしてくれるものは何？
5 「隠者」が私に尋ねてほしいと思っている質問は何？

10

運命の輪

Wheel of Fortune

keyword

幸運、運命、カルマ

『10.運命の輪』は、パメラ・スミスの描いた中で、おそらく最も非現実的な絵柄でしょう。『8.力』にあるような風景も、『9.隠者』のような十分に成熟した人々も見当たりません。そのかわり、エジプトの像が乗っている、神秘的なシンボルが描かれた車輪があり、カードの四隅には本を読んでいる天使と３頭の有翼の獣がいます。

初期のタロットでは、ほとんどの人がこの４つの人物(獣)像を、聖書の４人の福音伝道者（マタイ、マルコ、ルカ、ヨハネ）だと考えていました。しかし、ではなぜこのような生き物なのでしょう？　このことについては、預言者エゼキエルが４頭の獣と神の戦車を見たという「エゼキエルの幻視」を含め、幾層もの歴史を遡《さかのぼ》ることもできます。結局のところこれらが象徴しているのは、４つの“不動宮”の星座、つまり天使は水瓶座、鷲は蠍座、ライオンは獅子座、牡牛は牡牛座です。これらの星座が表しているのは四季であり、繰り返し巡る一年の輪を表しています。また、４つの人物(獣)像は、小アルカナの四大元素、ライオン／火、鷲／水、天使／風、牡牛／地を表します。

しかし実は、これらの人物（獣）像は、本来このカードにあったものではありません。これ以前のバージョンの「トランプ」10番目のカードには、これらの絵を見つけることはできないでしょう。ウェイトとスミスは、これらを『21.世界』のカードから持ってきたのです。これらは『21.世界』ではより写実的に描かれおり、シンプルなリースの中の全身を描かれたダンサーは、シンボルに満ちた神秘的な車輪に取って代わっています。

私たちは大アルカナを『0.愚者』＋７枚のカード×３行として見てきました。もう１つの見方では、『0.愚者』はやはり脇によけておいて、10枚ずつ２つのグループとして捉え、『11.正義』を２つのグループ間を結ぶ要のような存在とします。10番目のカードである『10.運命の輪』が前半の最後を飾り、21番目の『21.世界』が後半の最後を飾ります。

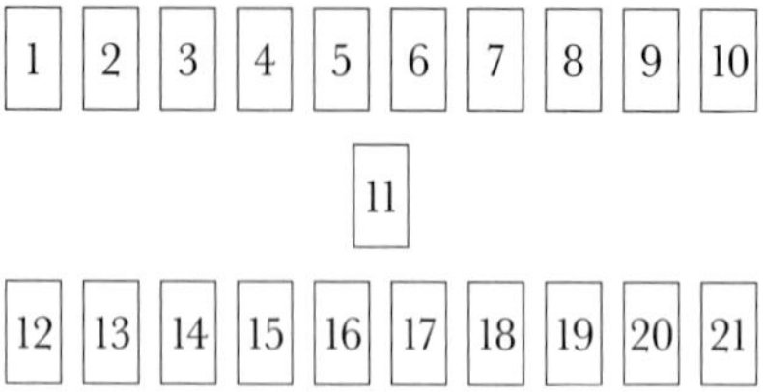

『10.運命の輪』が、複雑なシンボルの中に叡智を隠したまま、私たちを中間点まで連れてくるのに対し、『21.世界』では、すべてが明確にされます。『10.運命の輪』を約束された輪廻転生と見る人もいます。左側の蛇は、エジプトの神セト（ギリシャではテュフォンと呼ばれていました）を表しており、これは死の破壊を象徴しています。右側には、エジプトの神アヌビスがいます。アヌビスは死者の魂を新しい生へと導きます。車輪の上部のスフィンクスは、真実の剣を手に持っており、死と再生、日々の生活での浮き沈みはすべて、内なる法より生じるのだということを私たちに教えています。人生は偶然に支配されているように見えるかもしれませんが、そうではないのです。

そして、車輪上のシンボルは何なのでしょう？　コンパスの針の上のサインは、錬金術的な変容に必要な物質を意味しています。水銀（北）、硫黄（東）、水（南）、塩（西）です。周縁には文字があります。上下左右には英語の文字、その中間にはヘブライ語の文字です。北東から時計回りに見てみると、ヘブライ文字がつづっているのはテトラグラマトン（神聖四文字）、つまり最もパワフルな神の名であり、多くの人が創造の定式（フォーミュラ）と見なしているものです。『14.節制』のローブに見られるものと同様、これらの文字が象徴しているのは、小アルカナの４つのスートであり、４つのコートカードです。

　英語の４つの文字は、何通りかの異なる順序で読むことができ、「ROTA（ラテン語で「輪」の意）」、「TARO（Tarot=タロット）」、「ORAT（ラテン語で“話す”の意）」、「TORA（ヘブライの法）」、「ATOR（エジプトの愛の女神）」となります。「タロットの輪が語るのは、愛の法」というわけです。

　これだけの象徴が盛り込まれているわけですが、通常のリーディングでは、このカードは何を意味するのでしょう？

　１つには、謎／ミステリーです。はっきりと見ることができないもの、予期しない運命の転換です。しかし、カーニバルやテレビではおなじみのギャンブルの道具「運命の輪（ルーレット）」のことも思い出してください。それゆえ、このカードは「リスクを負う」ということも意味します。すなわち、輪を回転させるのです。

＊訳注

　旧約聖書エゼキエル書で言及される、予言者エゼキエルがケバル川のほとりで見た幻視は、様々な神秘的・象徴的解釈がなされている。それは４つの生き物、翼、車輪、炎などからなる「天の戦車《メルカバー》」の幻視であり、ここからメルカバー瞑想と呼ばれる秘教的カバラ学派の瞑想技法が生まれた。この瞑想は大筋では、エゼキエルの見た「天の戦車」に乗り天界への霊的な上昇のビジョンを得るというものであり、魔術結社「黄金の夜明け団」をはじめ近現代タロット象徴体系を整理したオカルティストたちに少なからず影響を与えた。タロットの絵の中に入り込む「パスワーキング」などの瞑想技法にもその影響が見て取れる。

　多くのユダヤ・キリスト宗教美術に繰り返し現れるこのモチーフは、失楽園後のエデンを守護する智天使《ケルビム》として、本文中で言及されるように黄道12宮における４方位の宮（牡牛座／獅子座／蠍座／水瓶座）に重ね合わされる他、今日に至るまで重層的な象徴性を付加されてきた。『10.運命の輪』『21.世界』もしかしたら『7.戦車』といったカードから、こういったさらなる奥行きと広がりを持つ象徴世界を感じ取れることも、タロットの魅力の１つと言える。

占託的意味

- ◆運命、カルマ
- ◆しかし幸運も意味する。伝統的にこのカードが表すのは、良い方向への転換であり、大変な時期にある人にとっては、嬉しいカード
- ◆やがて明らかになるであろう、隠されたこと
- ◆リスクを負う（特に『愚者』と一緒に出た場合）

逆位置

- ◆予測やコントロールができない変化。しかし思ったよりその結果は小さい
- ◆あるいは、意味を求めて出来事の裏側を見る
- ◆また別の可能性としては、ギャンブルに関する問題

「運命の輪」のためのリーディング

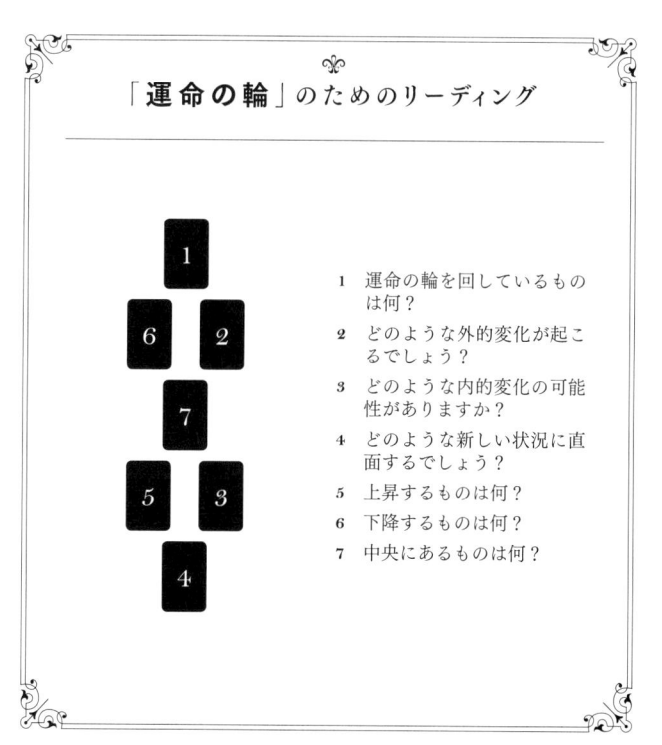

1 運命の輪を回しているものは何？

2 どのような外的変化が起こるでしょう？

3 どのような内的変化の可能性がありますか？

4 どのような新しい状況に直面するでしょう？

5 上昇するものは何？

6 下降するものは何？

7 中央にあるものは何？

11

正義

Justice

keyword

真実、自分に対する正直さ、公正な結果

ウェイト版では、『11.正義』は大アルカナの中間点に位置し、このカードの前に10枚、後に10枚のカードがあります。その天秤が暗示しているのは、この中間点において、自分の人生を整理して秩序立てること、そして対立物として見えていたものをまとめ始めること、その両方をする必要がありますよ、ということです。

それがどのように働くのか、象徴的に見ていきましょう。『0.愚者』はすべてを内に秘めてはいますが、いまだ何も自覚されていませんし、実現もされていません。この可能性はすべて、２人の人物へと分裂していきます。光、意識、行動を表す男性の『1.魔術師』と、闇、無意識、静止を表す女性の『2.女教皇』です。また、『6.恋人たち』のアダムとイヴ、『7.戦車』の白と黒のスフィンクスにも、対極を見ることができます。

最終的には『21.世界』がすべてを統合します。では『11.正義』を見てみましょう。ローマ数字として見ないなら（アラビア数字なら）、このカードのナンバーは「11」であり、『1.魔術師』の「１」が２つ重なり、『2.女教皇』の２本の柱のようでもあります。もちろん、１＋１＝２は『2.女教皇』のナンバーです。『11.正義』の人物、いかめしい表情の両性具有的な女性は『2.女教皇』のように、カーテンを背にして２本の柱の間に座っています。一方の腕を上げ（剣）、もう一方の腕を下にした（天秤）ジェスチュアは、赤いローブと共に『1.魔術師』を思い出させます。また、今にも立ち上がろうとしているかのように、片足が突き出ています。

では「正義」とは何でしょう？　なぜこのカードがそんなに重要なのでしょうか？　「四元徳」の一つ「正義」（この他には、“勇気／忍耐”（＝『8.力』）、“節制”、“思慮／知恵”ですが、タロットでは“思慮／知恵”は抜け落ちていることには興味をそそられます）が表しているのは、自分の人生を正直かつ公平な目できちんと見つめ、そうすることで自分を過去から解放する能力です。ここでいう過去とは、子ども時代に刷りこまれた条件付け、家族や社会からの影響、あるいはもっと言うなら、長い時間をかけて積み上げられた罪悪感や恐怖、怒りなども含まれます。

ほとんどの人は「正義」のイメージを法廷に見てきました。そこでは、天秤はしばしばどちらか一方に傾きます。法廷では、誰が勝ち、誰が負けるのかを決定しなければならないからです。さらに、法廷の裁判官（Justice）は、公平性のために目隠しをします。タロットの裁判官（Justice）は、目隠しはしていません。私たちが自分の人生を正直に見つめているかを問いつめるように、私たちを真っ直ぐに見据えているように見えます。その剣は、真っ直ぐ上を、真実を指しています。すべてのカードの中で３枚のカードだけで、剣が上を指しています。『正義』『ソードのエース』『ソードのクイーン』です。

「タロットがこれから起こる出来事を予測できるのなら、私たちの自由意志というのはどうなるのですか？」と尋ねる人がいます。しかしまず第一に、カードは固定的な未来を予想するものではありません。カードが示すのは、可能性です。もっと深く言うなら、私たちはいつも自由意志を持ってはいますが、使わないことも多いのです。これは、私たちが無意識のニーズに基づいて行動するからです。『11.正義』は、私たちが純粋な自由選択を行えるよう、自分がどういう人間なのか、しっかりと意識するよう、挑んできます。

実際の訴訟問題に当てはめるとどうでしょう？　タロットは、その最も深遠なカードにおいてさえ、決して日々の日常を放棄しません。もし法的な問題を尋ねて『11.正義』が現れたら、公正な結果が出ることが期待できます。もちろん、それはあなたの望む結果を保証するわけではありませんが。

占託的意味

- ◆内省、人生における様々な問題のバランスを取る、正直さ
- ◆道徳的選択
- ◆訴訟での公正な結果

逆位置

- ◆自分自身、またはある問題における自分の一面を、正直な目で見たがらない
- ◆不当な、または不公平な状況
- ◆訴訟での不当な結果

葛藤や対立への「正義」のためのリーディング

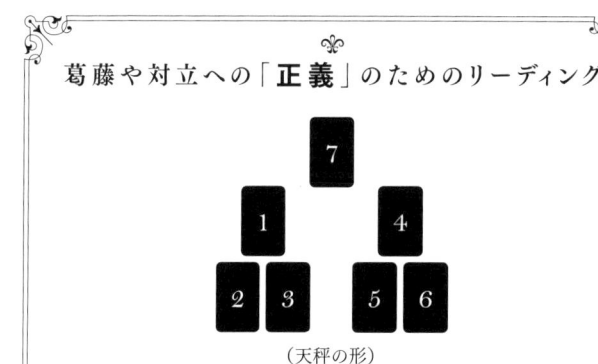

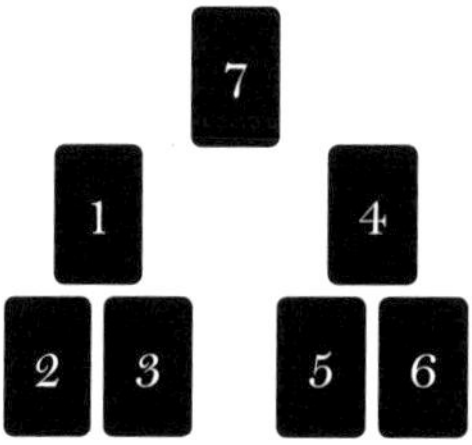

(天秤の形)

1 外面的な「正義」とは何？
2 それを追求することで得られる叡智とはなんでしょう？
3 どのような行動を取るのがベストでしょうか？
4 内面的な「正義」とは何？
5 私が演じる役割は何？
6 「正義」はどのようにもたらされるでしょう？
7 外面的な「正義」と内面的な「正義」を結ぶものは何？

12

吊るされた男

The Hanged Man

keyword

執着、保留、慣習に囚われない

様々なシンボリズムがひしめき合う『10.運命の輪』から『11.正義』の釣り合いを保った天秤へ、そしてタロットの中でも、最も謎めいたカードの一枚へとやってきました。最初、タロット・デッキに目を通した人はこのカードを見た時、このカードだけ逆さまに箱に入れられていたのではないかと思って、カードをひっくり返してみてしまうことがあります。古いタロット・デッキには、印刷職人のミスで番号の位置を間違え、右側を上にして絵の人物を見なければならないというものもありました。しかし、この人物が上下逆さまなのは、まさにそれが必要だからなのです。彼は『11.正義』で真実を得て、自分の人生をひっくり返しました。

このカードの基本的な意味の一部は、誤解されがちかもしれません。もしあなたが、他のすべての人たちに対して逆さまでいるなら、普通は皆、単にあなたが「間違っている」と思うでしょう。しかしこの絵を見てください。彼のリラックスした様子、その晴れやかな顔を。社会からの意見を、彼が気にしているように見えるでしょうか？

多くの人は、このカードをネガティブに捉えます。身動きが取れなくなる。行き詰まる。痛みを伴う犠牲。イタリアでは裏切り者は足から逆さ吊りにされていたので、デッキによっては人物の身体が捻《ね》じ曲げられ、顔は苦痛に歪み、タイトルも「裏切り者」となっていました。しかしこのカードが表しているのは、それとは違います。『12.吊るされた男』は、人物の顔が黄金の光に輝いている唯一のカードです。天使でさえ、このように神々しく理想化された姿で描かれていません。彼は、自分の最も深い精神的／霊的価値の大木に自らをくくりつけ、他人が彼を認めようと認めまいと、もはや問題とはしません。

そのナンバー「12」は、『1.魔術師』の「1」と『2.女教皇』の「2」が合わさったものです。「12」は、逆にすると「21」です。『21.世界』を『12.吊るされた男』と並べてみると（あるいは『21.世界』を上、『12.吊るされた男』を下にして並べてみると）、2人の人物がほぼ同じ姿勢を取っていることがわかるでしょう。大アルカナの半分を過ぎ、私たちは旅の最後に来る驚異を垣間見るかのようですが、それには私たちが自分自身をひっくり返し、今までとは逆の見方で人生を眺めなければなりません。

十字形の姿勢は、四方に隣接するカードを指し示します。水平の脚は、それが『11.正義』（自分が誰であるのか、その真実を受け入れた場所）と『13.死』（変化／変容へと自分を開き、身を委ねる場所）との間のバランスを取っていることがわかります。大アルカナのトライアド、すなわち縦のラインを見ると、伸ばした足は上の『5.教皇』を指し、頭部は下の光り輝く『19.太陽』を指しています。彼は伝統（『5.教皇』）に足を置き、天啓の輝く光（『19.太陽』）に頭を置いています。そしてもちろんそれは、彼が上下ひっくり返っているからこそ、つまり周りの人々と異なるからこそ、可能なのです。

これは、「“吊るされた男”が意味するのは、苦しみ、または痛みを伴う犠牲だ」と断固として主張する人々を無視すべきだ、ということなのでしょうか？　カードそのものが教えるのは、私たちは他人の権威（もちろん、私も含めて）を無条件に受け入れる必要はないのだということです。この見解には、確かに真実があることがわかります。これはすべて、私たちがどのように『11.正義』を行うかによるのです。つまり、真に天秤のバランスを取り、自分自身を受け入れることができれば、『12.吊るされた男』は、深い価値観やスピリチュアルな啓示との喜びに満ちた出会いとなるでしょう。

『11.正義』の真実に抵抗するなら、『12.吊るされた男』は一種の痛ましい問題――自分では解決できない人生の状況、心にとりついて離れない記憶、または恐れ――として現れます。

占託的意味

- 深い価値観を持つ、周りの人とは違うやり方で物事を見る、喜び、また啓示
- あるいは、行き詰まる、犠牲

逆位置

- 社会からの期待や、自分についての他人の意見や信条から、影響を受けすぎる
- または、ある状況から自分を解き放ち、先へと進む準備をする

「吊るされた男」のためのリーディング

1 私は周りの人々と、どのように違っているでしょう？
2 私の深みにある価値観とはどのようなものでしょう？
3 私に痛みをもたらすものは何？
4 私に喜びをもたらすものは何？
5 私は何を発見できるでしょう？

13

死

Death

keyword

変化、終わらせるべき物事

ほとんどの場合、タロットの読み手が学ばなければならない最初のことは、『13.死』のカードを恐れないことです。言い換えるなら、もしリーディングに『13.死』が出てきたとしても、誰かが死ぬに違いない、などと受け取らないということです。そしてもちろん、このカードの魔力が誰かに死をもたらすだろうとも考えないでください。タロットが、無理に誰かに何かをさせたり、現実を形作ったりすることは決してありません。タロット・デッキには、78枚のカードがあります。そのうちの1枚が、ただ死を予測するためだけにあったとしたら、そのカードはほとんど使い道のないものとなっているでしょう。

では、「13」が意味するのは何なのでしょう？　肉体以外にも、死ぬ可能性のある物事はたくさん存在します。たとえばそれは古い習慣であったり、ライフスタイルであったり、行き詰まった仕事、あるいはもうほとんど死んでしまったかに思えるような、生気も活力もなくなった人間関係などです。おそらく、誰かが生命を吹き返すには、死ななければならないなにかがあるのでしょう。タロットは本来、楽観的です。人生における何かしらの死が、必ずしもあなたを屍にしてしまうわけではありません。『13.死』のカードの後には、『14.節制』のパワフルな天使が続きます。『14.節制』が象徴するのは、古くなり、使い古された物事を終わらせることによって、解放されるもの、です。実際、『13.死』は天使に囲まれています。このカードは2段目の行の6番目に位置しています。その上には『6.恋人たち』の上で翼を広げた天使、一方その下では、もう1人の天使が死者たちに棺から起き上がるよう、ラッパを吹いています。愛、死、そして復活。『13.死』の上下のカード、『6.恋人たち』と『20.審判』に描かれた人々は、裸であることに注意してください。彼らは祝福と喜びに完全に開かれています。

古いバージョンの『13.死』には、マントを着た骸骨が、大鎌で手や足、冠をした頭を“収穫”している図が描かれています。その教訓は、あなたが誰であろうと、またどれだけ重要な人物であろうと、権力を保持していようとも、死はすべてを奪い去る、ということです。ウェイト版の『13.死』は、もっと複雑かつ微妙です。骸骨は黒の鎧を身に着け、炎のような目をして堂々とした白い馬に乗っており、より強い印象を与えます。白いバラが描かれた旗は、『13.死』の力と純粋さを象徴しています。

このカードはシンボルにあふれています。カードをずっと左の端まで見てください。川にエジプトの舟があるのが見えますか？　有名な古代エジプトの『死者の書』では、死とは、ある状態から別の状態への移行である、と説明しています。カードの下に並んでいる４人の人物は、死神になにかを手放すことを迫られた際、どのように対応したかを、それぞれ表しています。馬の下には死んだ王が、踏みつけられたかのように横たわっています。彼は、何であろうと変化に抵抗するもの、権力を手放すことができない強固なエゴを意味しています。馬の前には司教が立っており、両手を上げて祈りのジェスチュアをしています。この人物は、彼が着ている手の込んだローブが身体を支えているかのように、こわばった様子で立っています。彼が象徴しているのは、人々が恐れを抱くことなく死に直面できるような教えと伝統です。この種の教えは数多く存在します。例えばチベットの『死者の書』です。どちらの書物にも共通していると思われるのが、死を恐れず、向こう側にある新しい生へと、経験を通じて旅することの重要性です。

司教の足元には、子どもと乙女がいます。どちらも髪に花をさしています。乙女は一定の自己認識を獲得する年頃であり、それゆえ死神に恐れを抱いて目を背けています。その一方で、子どもは、無垢な性質、恐れからの自由を象徴しています。彼は生花のブーケを持って、死神と向き合っています。

占託的意味

- ◆終焉、恐れたり惜しんだりすることなく何かを手放す
- ◆このカードは普通、新たな可能性へと導いてくれることを表す。実際に、何らかの死が懸念事項となっている場合、このカードはその問題を正直に見つめるよう促している

逆位置

- ◆変化を恐れる、頑迷さ
- ◆停滞
- ◆時として（病気や老齢に関するリーディングの場合）、肉体の死への恐怖（その人が死ぬというメッセージではない）

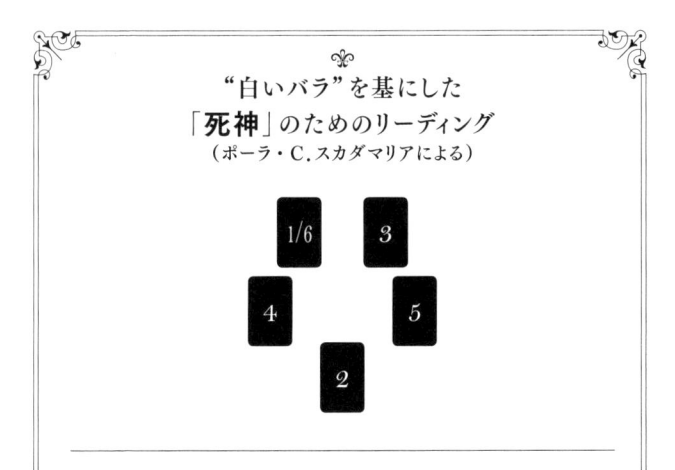

“白いバラ”を基にした「死神」のためのリーディング
（ポーラ・C.スカダマリアによる）

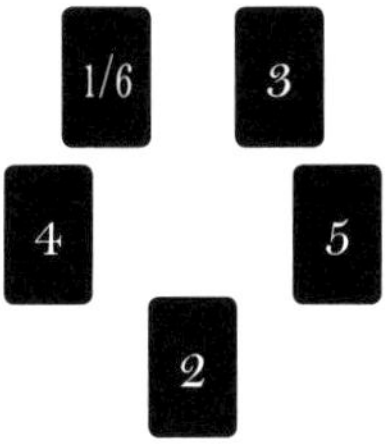

1 既に死んでいるものは何？
2 何がそれを殺したのですか？
3 死ぬ必要のあるものは何？
4 それを解放してくれるものは何？
5 何が埋葬されましたか？
6 何が生まれるでしょう？

14

節制

Temperance

keyword

平穏な静けさ、バランス、節酒

「節制（Temperance）」という言葉は、かつては「アルコールを控える」ということを意味していました。カードの絵柄は、天使がカクテルを混ぜ合わせているように見えなくもありませんが、このカードが意味するのは、冷静さ、責任、そしてそう、禁欲です。しかし、このカードが表しているのは、それだけに留まりません。このカードは『13.死』の後に続いています。私たちは、このカードに描かれているのは大天使だと考えますが、これは私が“天使的な自己”と呼んでいる、“手放し、ゆだねる”という課題を無事に通過した時に、自らの内に見出される性質も象徴しています。

この天使は、実際には不可能なことをしています。水を斜めに注ぐことはできません。このカードの意味の１つは、自分の能力を超えていると思われることを、静かにやりなさい、ということです。天使は穏やかで、集中しており、無感情にすら見えますが、その羽は力強くはばたいており、カードに収まりきらないほどです。

『14.節制』は、３枚の“勝利”のカード（『7.戦車』『14.節制』『21.世界』）のうち、２番目のカードです。このカードは、恐れ、罪悪感、無知など、内なる神聖な天使を見出すことから私たちを妨げるものすべてに対する勝利を表します。この種の勝利の例としては、アルコール中毒の人が禁酒に成功することが挙げられます。これはほんの一例の、言葉遊びのようなもの。

中世では、身体の中に、健康と行動の両方をコントロールしている様々な“気質（temper）”が存在すると考えられていました。これらのうちの１つが優勢になると、病気になったり、不正な行動を取ったりして、身体のバランスが崩れるのです。これがおそらくは、「カッとなり腹を立てる（lose your temper）」という表現の元となっているのでしょう。『14.

節制』とは、エネルギーと行動のバランスを取り、調和を保つという意味です。それゆえ、平静さと節度ということに加えて、『14.節制』はトータルな意味での良好な健康状態も意味します。そして状況によっては、平静さを失わない（＝not lose your temper）ということを意味することもあります。

このカードの絵に込められた象徴は、日常の心理的意味を超えたところへと、私たちを運んでいきます。私は、この天使はミカエルであると考えます。ミカエルという名前は「神のような存在」を意味します。天使が着ているローブのひだを注意深く見てみると、四角形の上に『10.運命の輪』にあったヘブライ文字「神聖四文字（ヨド－ヘー－ヴァウ－ヘー）」があることがわかります。キリスト教神話では、ミカエルはルシファーとの戦いで神軍を率いていました。ルシファーを闇の底に突き落としたのもミカエルです。そのことにより、ルシファーは悪魔（サタン）となりました。これが『14.節制』の後に『15.悪魔』が続く理由です。『14.節制』が表しているのは、自己統制のみならず、自分を惑わす中毒、プライド、自己嫌悪に対する本当の勝利なのです。

天使は片足を石の上に、もう片方の足を水につけて立っており、これはエネルギー融合のもう１つの例となっています。というのも、水は感情を象徴し、石は私たちの力の及ばない“現実世界（real world）”にグラウンディングすることを表しているからです。天使の頭には、中央に点がある円形があります。これは西洋占星術における太陽のシンボルです。『13.死』では、昇りつつある太陽を見ることができますが、ここでは太陽は山の上に輝いています。それは新たな生命であり、また高次の意識です。

水辺からの道は、山へと続いています。この道は、冷静できちんとコントロールされた振る舞いに至る道と考えることもできるでしょう。右側にある花は、菖蒲（iris）です。ギリシャ神話では、女神アイリス（Iris）は神々の誓いを司ります。それゆえ「14.節制」は、厳粛な誓い、あるいは新たな人生へ身を捧げることを意味することもあります。

占託的意味

- ◆平静さ、節度、内的なバランス感覚
- ◆（特に新たな人生への）献身
- ◆異なる考えやエネルギーを組み合わせることによって、創造性をもって問題解決に当たる

逆位置

- ◆不節制
- ◆コントロールを失う
- ◆行き過ぎた行動、あるいは極端に走る。これは必ずしも悪いこととは限らない
- ◆（他のカードとの組み合わせによっては）自制心を失って中毒に陥る

「節制」のためのリーディング

（このスプレッドは、難しい選択に直面している人、または極端な矛盾をはらんだ状況にいる人にとって有効です）

1 現在の状況
2 もう１つの選択肢
3 中庸の道の可能性
4 必要なアプローチ
5 どのようにエネルギーを流すべきか
6 どのような働きかけが必要なのか

15

悪魔

The Devil

keyword

強迫観念、好ましくない人間関係、低い欲求または信念

（ただし、性的な生命エネルギーを意味することも）

時おり、タロットに関するちょっと変わった説に遭遇することがあります。悪魔（サタン）こそが、正にタロットを発明した張本人であり、悪魔は人類を罪へと誘い込むために、人々にタロットを与えたのだというものです。タロットが何よりまず､霊的／精神的な書物であるということは事実です。そして『15.悪魔』は、私たちの内に潜む弱さや闇を浮き彫りにするかもしれません。しかし、このカードの最も重要なシンボルは、一見２人の人を拘束しているように見える鎖なのです。鎖の環を見てみると、それにつながれている人が自分で外して歩き去ってしまえるほど、緩やかにかけられています｡私たちはいつだって自分で選択を行う自由があります。状況がどれほど悪く思えても、どれほど低いところまで堕落してしまったと思っていても、自分で変化を起こすことができるのです。

『15.悪魔』のナンバー「15」は、１＋５＝６で『6.恋人たち』のナンバーとなります。この２枚のカードを並べてみると、『15.悪魔』は『6.恋人たち』のダークなパロディであるように見えるでしょう。アダムとイヴの背後にある果物と木の葉は、悪魔に忠誠を誓って半分悪魔へと転じた人間の尾となっています。それゆえ、このカードは、好ましくない人間関係（場合によっては、虐待的であったり偏執的であったりする関係を含む）を意味します。

それにしても、カードの絵を見てみると、この人物たちは別に不幸せには見えません。身体は楽な姿勢を取り、顔はわずかながら笑顔です。タロットの読み手によっては、性的に抑圧された社会を忌み嫌い、『15.悪魔』をセクシュアリティまたは“お楽しみ”のカードと見なしています。私がリーディングをしたある女性は、このカードがお気に入りのカードだと言っていたのですが、その理由は、このカードが“パーティ・タイム”を意味するからとのことです。鎖につながれた人物たちの絵柄からは、害がありそうで実害のない、ボンデージ趣味やSMといった性的ゲームのイメージが感じられます。このイメージの元となっているものの１つは、ギリシャの神・パンです。パンはとりわけ、乱痴気騒ぎやパーティの神なのです！

　ウェイトとスミスによる絵柄は、実際にはテンプル騎士団が崇拝していたと言われている悪魔、バフォメットから取られています。一部の人は、テンプル騎士団が聖杯を発見して保護し、その聖杯のイメージが「カップのエース」に表れているのだと信じています。

『15.悪魔』のナンバー「15」は、『1.魔術師』の「１」と『5.教皇』の「５」で構成されています。『5.教皇』のように、『15.悪魔』も２人の従者を支配しています。また『15.悪魔』は『5.教皇』の祝福のパロディのように片手を上げています。『5.教皇』の手は２本の指が立てられ、２本は曲げられているのに対し、『15.悪魔』の手は開かれており、物質世界こそが存在するすべてであるということを示しています。上もなく、下もなく、目で見て手に触れることができるもの以上の真実はない、というわけです。『1.魔術師』が水晶の杖を天に向けて掲げているのに対し、『15.悪魔』はその燃える松明《たいまつ》を地に向けていることに注意してください。

『1.魔術師』と同様に、『15.悪魔』が『21.世界』で終わる最後の７枚のグループを開始します。『15.悪魔』は、なぜ後半のこの時点に現れたのでしょうか？　最後の一列ですべきことは、闇に囚われた霊的な光を完全に解放することに他なりません。この困難な最後の一列に挑む前に、私たちは『14.節制』で天使的な自己を発見する必要があるのかもしれません。７枚のカードを並べて、光の動きを見てください。『15.悪魔』の完全な闇、『16.塔』の雷、それから『17.星』の光、

『18.月』の光、『19.太陽』の光。『20.審判』の“スピリットの光”、『21.世界』の“自己の光”に至るまで、光はどんどん大きくなっていきます。

占託的意味

- 抑圧、嗜癖《しへき》行為、好ましくない人間関係、私たちを束縛するものすべて
- 幻想、誤り、（時として）嘘
- （あまり重々しくない意味で）乱痴気騒ぎ、反逆、性的な冒険

逆位置

- 解放へのステップ、自由な選択が可能であることを自覚する
- 幻想を見破る
- 真面目に責任感を持つ（特に人間関係において）

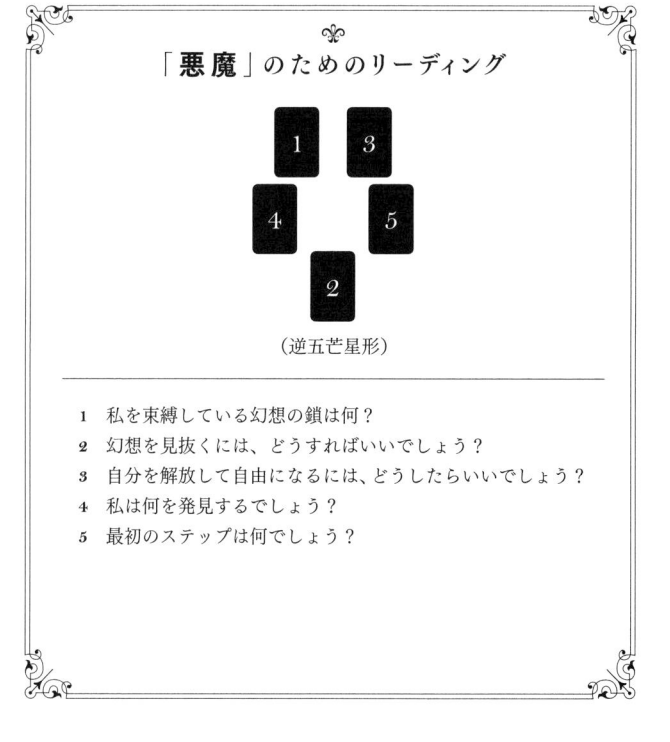

「悪魔」のためのリーディング

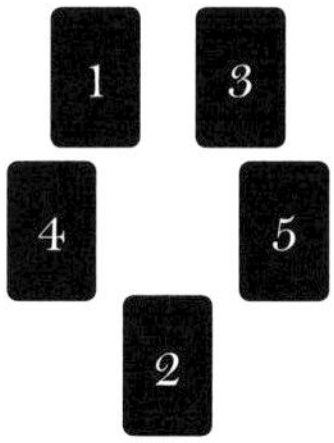

（逆五芒星形）

1 私を束縛している幻想の鎖は何？
2 幻想を見抜くには、どうすればいいでしょう？
3 自分を解放して自由になるには、どうしたらいいでしょう？
4 私は何を発見するでしょう？
5 最初のステップは何でしょう？

16

塔

The Tower

keyword

激変、解放、天啓

質問によっては、リーディングが質問者自身を超えた広がりを見せることもありますが、タロット・リーディングで扱うのは普通、個人的な問題です。しかしながら時々、世界的な動向が個人的なリーディングに入り込んでくるように思えることがあります。2001年９月11日の“ツイン・タワー”へのテロ攻撃の数週間ほど前から、質問の内容にかかわらずあらゆるリーディングに『16.塔』のカードが現れていたという報告が、ニューヨークから遠く離れたオーストラリアにいるタロットの読み手たちからありました。

ということは、『16.塔』が表すのは災難であり、実際の死さえも意味するのでしょうか？　単純にその答えを言うなら、「ノー」です。このように世界の出来事に呼応するというのは、極めて珍しいことです。このカードは、激変や突然の好転、時として困難な状況から人々を解放する必要性を示唆しています。タロットは本質的に楽天的なのですが、必ずしも優しく穏やかではないことがあります。もしある種のプレッシャーが溜まりすぎれば､私たちは自分を解放するべく、環境そのものを爆発させる必要があることもあるのです。そして『16.塔』の後は、平穏で美しい『17.星』が続きます。

現代の解釈で興味深いものは、『16.塔』を（そのイメージから、特に男性の）オーガズムと考え、人生を変えるためのセックスの力全般であると解釈します。『15.悪魔』が不倫を表すとするなら、『16.塔』はその暴露を意味するのかもしれません。

もっとポジティブにこのカードを見ることもできます。雷は、ドアのない石の塔のような凝り固まり硬直した状況を崩壊させます。エネルギーが解放され、すべてが変化します。今まで、二元性を表す様々なカードを見てきました。右側に男性または光の人物、左側に女性または闇の人物というように、人生の反対要素を象徴化する方法は、一見すると固定的に思えます。『6.恋人たち』と『15.悪魔』、また『7.戦車』のスフィンクスが思い出されますね。『16.塔』の「16」は、一桁ずつに分解して足すと「7」=『7.戦車』となりますが、「6」=『6.恋人たち』も含んでいます。『16.塔』では、『6.恋人たち』で描かれる二元性の極性は、逆に描かれています。すなわち男性が左、女性が右側にいます。

この『16.塔』をバベルの塔であると見る人もいます。人間が天にも届く塔を建設し、結局は神が雷を落として、それまで統一言語を話していたのが、多くの言語に分裂させられてしまった、というあのバベルの塔です。この解釈は『16.塔』の破壊的な側面を強調しています。しかし、五旬祭で聖霊が降臨したことで、その場にいた人々が普通の人類の言葉を超えた「異言」を話しだしたという、ペンテコステ(五旬祭/聖霊降臨祭)のことと考えることもできるでしょう。世界中のシャーマンたちも、トランス状態に入って同じことを行います。これは『16.塔』が表す"神の言葉"、啓示という側面です。『16.塔』の両側に降り注いでいる火は、ヘブライ文字のヨドの形をしており、これは『10.運命の輪』と『14.節制』に見られた"神秘の名"の最初の文字です。ヨドは火のエレメントを表しており、その意味するところは、インスピレーションと新たな始まりです。火の粒は右側に10個、左側に12個あります。「10」とは10本の指のことで、下位の現実世界を表し、「12」は12星座、つまり上位の霊的世界を表します。合わせると「22」で、大アルカナカードの総数となります。

これらのシンボルはすべて、リーディングではどんな意味を持つのでしょうか? 『16.塔』が意味するのは、破壊だけではありません。このカードは、エネルギーの解放、またはすべてを変えてしまうほどパワフルな啓示も表します。その変化とは、たとえ一時は痛みを伴うものであるにせよ、普通はポジティブなものです。雷は『16.塔』から王冠を転落させます。赤ちゃんは母親から生まれる時、逆さまで出てきます。赤ちゃんが狭い産道を通り、広い世界に生まれ出る瞬間を"戴冠 (Crowning)"と呼びます。

占託的意味

- 爆発しそうな状況、激変、（時として）暴力を伴うような極端な状況
- 啓示（霊的啓示または、衝撃的な発見）
- 解放、長期的な問題が突然終焉を迎える

逆位置

- ウェイト曰く「（正位置と）同じ意味、しかしその程度はより小さい」
- それほど極端でない状況、引き下がる、しり込みする
- 解放や自由の感覚はないかもしれない

「塔」のためのリーディング

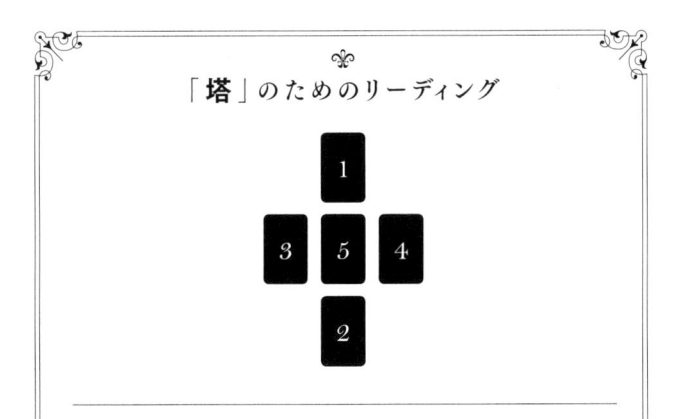

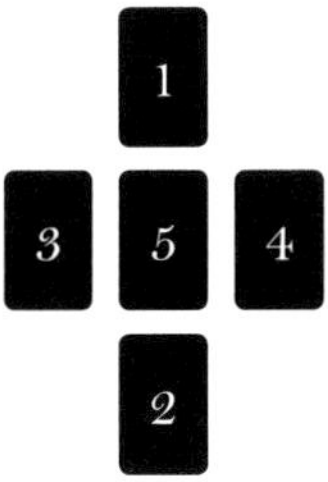

1 私の人生を構成するものは何？
2 その構造は、どのように私を支えてくれていたでしょう？
3 その構造は、どのように私を制限してきたでしょう？
4 それを壊すものは何？
5 そこから現れてくるものは何？

17

星

The Star

keyword

希望、楽観主義、平和

大アルカナの流れの中で、最も困難な個所（“愚者の危機”と言ってもいいかもしれません）は、『13.死』に始まり『16.塔』の爆発で頂点に達します。『17.星』は、私たちが困難を切り抜けてきたこと、つまり『15.悪魔』の鎖を振り払い、オープンな心と希望を見出したということを示しています。『17.星』は、『13.死』と『15.悪魔』の間のカード『14.節制』と似たところがありますが、いくつか重要な違いも存在します。『14.節制』では、神聖なシンボルを秘めたローブに身を包んだパワフルな天使を見ることができました。『17.星』で見られるのは、ただ裸の女性です。ウェイト版の大アルカナでは、裸の人物のカードが５枚あり（『21.世界』も入れるなら６枚です）、そのうち『6.恋人たち』以外はすべて最後の７枚グループに存在します。これらのカードは、象徴的観念を超えた直接的な経験としての、パワフルな変化へと私たちを導きます。

『14.節制』も『17.星』も、その人物は片足を地面に置き、もう片方の足を水につけています。しかし『17.星』の場合は、水の上に足が置かれています。彼女の足は、池のさざ波の中に入っているようには見えません。このほとんど奇跡のような姿勢は、何を意味するのでしょうか？　もし水というものを無意識、『2.女教皇』のカーテンの向こうに見える海と見なすなら、私たちはそれをかき回したり、波立てたりすることはできても、本当に中に入ることは決してできないのです。続く『18.月』では、似たような水場から半分出てきている生き物がいるのがわかります。

『14.節制』では、こぼれないよう気を付けながら、驚くべきことに斜めに水を注いでいます。『17.星』の乙女は、天然の瓢箪から水を注いでおり、それを止めるものは何もありません。この姿勢から、このカードはギリシャの死と再生の女神ペルセポネ（その象徴であるザクロが『2.女教皇』のカーテンにありました）と関連しているのがわかります。「ペルセポネの秘儀」の終わりに、『5.教皇』率いる司祭たちは、夏の終わりの儀式を執り行います。その際、夏の干ばつの後の大地を回復させるため、２つの杯から水を地球の割れ目に注ぎ「Hye! Hye!」つまり「雨を！　実りを！」と掛け声をかけます。ペルセポネの母、デメテルは『3.女帝』に見られます。３番目のトライアドは『3.女帝』『10.運命の輪』『17.星』と続きます。『3.女帝』と『17.星』の両方がリーディングに現れたら、それは母娘の強い絆を象徴しているのかもしれません。

様々な人が、『17.星』のカードは、実際には何の星を表しているかについて議論しています。（デッキのデザイナーが何を考えていたのか、その記録はどこにもないということは、覚えておいてください）。ある人は、それは北極星だといいます。北極上の位置から決してずれることがなく、それゆえ人々が航海や旅に利用することができた星です。そして実際、このカードの八芒星は『10.運命の輪』の８本のスポークを持つ車輪と同様、コンパスに似ています。

私はこの『17.星』を、明けの明星、金星であると思います。太陽と月に続いて、空の中で３番目に明るい星。そう考えると『17.星』の光、『18.月』の光、『19.太陽』の光と、自然な光の移行の一部となります。デメテルと同様に愛の女神であるヴィーナス（金星）のシンボルが『3.女帝』の盾に描かれています。また金星は、明けの明星ルシファー＝悪魔でもあります。１年のうち、金星が空から姿を消す時期があります。『15.悪魔』は闇に囚われた愛、『17.星』が示すのはヴィーナス（金星）の帰還＝愛の復活なのかもしれません。

このカードのタイトルそのものに、現代的な意味解釈もできます。星＝スターになってください。輝いてください。自分を隠してしまわないでください。他人からの批判や中傷を恐れて、『15.悪魔』の鎖につながれるままになってはいけません。あなたの水を注ぎこみ、生来の優美さと美しさを発見してください。

占託的意味

- 希望、オープンな心、穏やかさ（特になんらかの危機や爆発があった後に）
- 癒やしと再生
- スターになってください
- 本当のあなたを見せてください
- 官能性、肉体的な自信

逆位置

- 疑念、悲観的、あるいは誤った希望
- 内気さ
- （時として）純粋に自分についての何かを隠す必要があること（少なくともある状況下においては）

「星」のためのリーディング

「星」のカードを抜きだして、しばらく眺めてからテーブルの上に置きます。残りのカードを混ぜ合わせ、以下のそれぞれのテーマに対して、カードを1～３枚ずつめくってください。

A　希望（1～3枚）
B　ガイド（1～3枚）
C　安らぎ（1～3枚）
D　癒やし（1～3枚）

18

月

The Moon

keyword

本能、直感、精神錯乱、謎

ジャッカルの頭を持つ神が描かれていた『10.運命の輪』を別にすれば、大アルカナの中では『18.月』だけが、人ではなく動物が描かれているカードとなります。『6.恋人たち』のアダムとイヴ、『5.教皇』の２人の弟子たちに代わって、このカードに見られるのは犬と狼です。そしてこの２頭の上方にいて、支配的な位置を占める第３の像は？ 月そのものです。カードの下の方を見てみると、水から半分出てきているザリガニがいるのがわかります。それはあたかも『17.星』が池を底深くまでかきまわした結果、何か非常に原始的なものが表面に現れ出てきたかのようです。

大アルカナ最後の７枚ラインの中央に位置している『18.月』は、『0.愚者』にとって最後の大きな試練となります。美しい少年が魔法の呪文で狼に変えられてしまい、彼の忠実な犬はずっと傍らにいる、というおとぎ話を思い出す人がいるかもしれません。実際、おとぎ話や神話、物語、また私たちの夢さえも、『18.月』の不思議な薄明かりを通ってやってくると言われています。『0.愚者』のおとぎ話は、素晴らしい結末に向かっています。というのも、次に来るカードは『19.太陽』であり、そこでは喜びに満ちた子どもが馬に乗っており、ウェイトの言うところの神聖な意識と動物的性質との「完全な一致」を見ることができます。

ところで、ザリガニは何なのでしょう？　ウェイトは「猛獣よりも低きもの」と呼んでいます。これは恐れや本能といった、名前すらつけることのできない、私たちの脳の最も原始的な部分からの揺さぶりを象徴しています。ザリガニは半分出てきているだけで、再び水面下に戻っていくでしょう（と、伝統的な解釈は教えています）。自分の荒々しい側面に対して抵抗したり否定したりすれば、私たちは自分自身を歪めてしまうかもしれません。しかし『17.星』の乙女のように、自己を完全に受け入れるなら、最も原始的な本能の不可解さとの間に、平和を見つけることができるでしょう。
『18.月』は本当に、このように強力な反応を引き起こすのでしょうか？　月の女神ルナは狂気を引き起こすのでしょうか？　警察や病院関係者は、満月の３日間はトラブルや不思議なことが多いと主張します。また実際に警察の事件記録や病院の記録を調べた人は、それは真実ではないと言います。いずれにせよ、人々はそう信じているのです。
『18.月』は、それ自体としては輝いてはおらず、『19.太陽』を反射しています。それゆえオカルティストたちは、それを「半分の真実」と表現します。近年タロティストたち、特に女性がこのネガティブな見解に挑んできました。月の満ち欠けの周期は、女性の月経周期と一致しており（“上の如く、下も然り”の最も大きな一例です）、古代から受け継がれてきた月の満ち欠け及び満月と「乙女・母・老婆」の三女神との結びつきが、再び思い出されています。タロットの『18.月』がまず意味するのは、動物的本能や狂気では、もはやありません。どちらかといえば、直感力、霊的覚醒、存在の神秘を感じ取る感覚であると考えます。
　また、『18.月』は夢、神話、ファンタジーも意味します。『19.太陽』のクリアで明るい鮮やかな真実とは違い、『18.月』が表すのは、驚くべき想像力の海です。タロットの読み手たちが時々、真にスピリチュアルなひらめきと、偶発的な想像とを区別するのに困難を感じる理由は、ここにあります。そのどちらもが、同じ所から来ているのです。『18.月』が表しているのは、野生と神秘に関する不思議な領域であり、『0.愚者』の最後の試練は、リラックスした『17.星』と自信に満ち溢れた『19.太陽』の間にある、この場所で行われます。しかし、この薄明かりはまた、心の財宝を隠してもしまいます。哲学者のアナンダ・クマラスワミは「神話は、最後から

２番目の真実である」と述べています。想像力を愛する人にとって、それは納得のいくところではないでしょうか。

占託的意味

- 謎、深い本能、想像力
- 奇妙な、あるいは不穏なエネルギー、サイキック能力
- （極端な状況では）狂気
- 強烈な夢、物語、創造力
- あるいは、自然のサイクルとの調和

逆位置

- 衰退しつつあるもの、衰退期
- かき乱された感情をどう扱っていいのかわからない
- あるいは気分の揺れ、または落ち込み
- 逆に、『月』が『太陽』またはその他の太陽のカード（『ワンドのエース』など）と一緒に出てきたら、月の時間は終わり、人生がもっと容易になることを意味する

「月」のためのリーディング

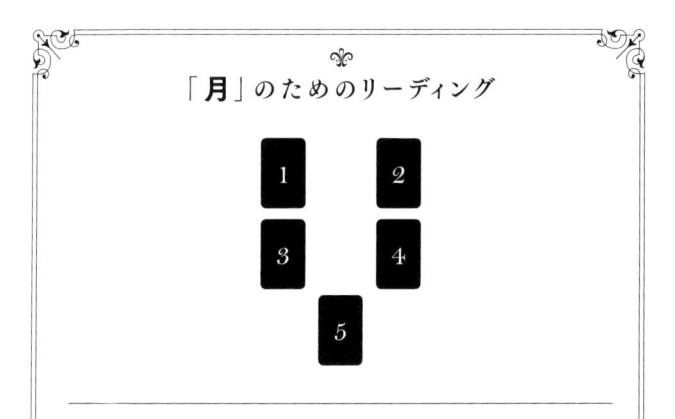

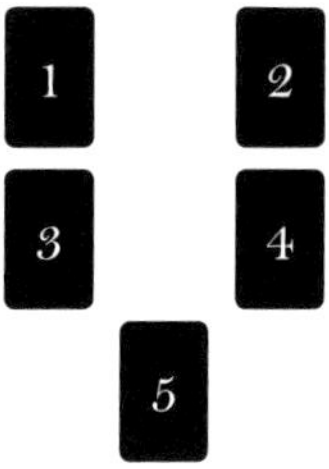

1 今の私の状態は、月相に例えると？（満ちている／満月／欠けている）

2 それが私にもたらす恩恵は？

3 それが私に挑むことは？

4 私はその挑戦にどのように取り組むべきでしょう？

5 次に来るものは何？

19

太陽

The Sun

keyword

明瞭さ、幸福、自由

夜、『18.月』の下では、すべてが奇妙に見えます。半分は見えていても、半分は闇の中です。しかし『19.太陽』が昇ると、道ははっきりと明らかになります。悪霊かと思えたものも、ただの木であったことがわかります。それゆえ『19.太陽』のカードは、真理を見て取り、理解する能力と共に、明瞭さと理性／合理的思考を意味します。『18.月』と明確な対照性を形成しつつ、『19.太陽』は『15.悪魔』の闇に囚われていた光を解放するプロセスを完了させます。タロットのカバラ的解釈では、大アルカナカードはそれぞれにヘブライ文字と対応しています。『19.太陽』のカードに対応する文字は、“レシュ”で、これは“頭”という意味です。特に、論理的思考と判断を行う部分、大脳皮質を表します。

古代ギリシャでは、太陽神アポロンが悪戦苦闘している人類に文明をもたらしたとされています。アポロンの妹、アルテミスは自然、森林、山を支配していました。しかしアポロンは単に理性／知性の神というだけではなく、音楽と詩の神でもあり、アポロンがお気に入りのパルナッソスの山には、９人のミューズ（文芸、音楽、芸術、学問などを司る女神たち）が住んでいました。アポロンについて、私たちにとって最も意義深いことは、予言を行う神託の神であるということです。古代世界で最も偉大な神託所、デルフォイでは、ピュティアと呼ばれる女性（巫女）がトランス状態となり，直接アポロンの声を語りました。それゆえ『19.太陽』のカードは、真実を明らかにする予言の力を意味することもあります。

『19.太陽』のカードは、伝統的なタロット・デザインからのウェイト版の離脱を端的に示すものの１つです。マルセイユ版タロット（ウェイトとスミスが主にモデルとしていたもの）では、『19.太陽』には２人の人間、普通は子どもが描かれており、時としてそれは男の子と女の子が共に、壁に囲まれた庭で遊んでいる図でした。『2.女教皇』の円柱から『18.月』の犬と狼に至るまで、対比するイメージをすべて経た後、2つは一体となり、調和します。次のカード『20.審判』では、子どもが男性と女性の間に立っています。二元性は克服され、新たな自己が生まれるのです。では、なぜ『19.太陽』に1人の子どもが描かれているのでしょうか？

壁に囲まれた場所からの移動は、私たちに自由の感覚を与え、一方でこの子どもの輝くような表情は無邪気さと喜びを表しています。『0.愚者』は、子どもの無邪気さへと戻ってきたのです。『19.太陽』の子どもが、『0.愚者』の帽子についていたのと同じ羽を身につけているのに気がついたでしょうか？　そして、子どもの振っている旗は『21.世界』のダンサーがまとっているサッシュ(帯)に似ています。『0.愚者』とその犬以上に、馬に乗ったこの子どもが象徴しているのは、ウェイトが言うところのスピリチュアルな素直さと動物的性質の「完全な一致」です。

ウェイトの『19.太陽』のカードは、明らかにベルギーのバッカス・タロットをもとにデザインされています（“バッカス”とは酒の神で、そのデッキの『5.教皇』はバッカスになっています！）。しかし、バッカス・タロットの『19.太陽』に描かれているのは戦士のような大人の男性であり、勝利の旗をはためかせて、馬に乗ってカードを駆け抜けています。勝利の代わりに、ライダー版の子どもが象徴しているのは、変容とスピリチュアルな光に対する開かれた心です。生涯キリスト教徒であったウェイトには、「赤児の心を持たざれば天国に入ることあたわず」というキリストの有名な言葉が、ずっと頭にあったのかもしれません。

『19.太陽』は11本の直線の光線と、10本の波形の光線を放っています。合わせると21、『21.世界』のナンバーとなります。では、22番目のカード『0.愚者』はどうなるでしょう？　ローマ数字の右側にある、曲がりくねった黒い線を見てください。これは単なる印刷ミスでしょうか？　あるいは22番目の光線として、『0.愚者』が隠れているのでしょうか？

占託的意味

- 開かれた心、喜び、飾り気のない無邪気さ
- 明晰な思考力、理性
- 健康、幸福、明るさ

逆位置

- 『塔』でウェイトが述べていたのと同じく「（正位置と）同じ意味、しかしその程度は小さい」
- 『太陽』の輝きは非常に明るく、たとえ逆になってもそのポジティブな性質が失われることはない。しかし、雲が光を覆い隠すこともあるかもしれない。そんな時は、幸せと悲しみが入り混じったり、問題が見えにくくなったりするかもしれない

「太陽」のためのリーディング

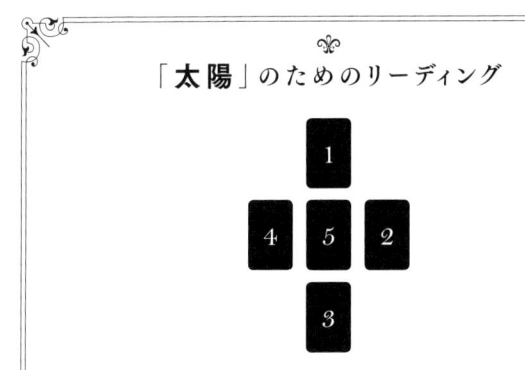

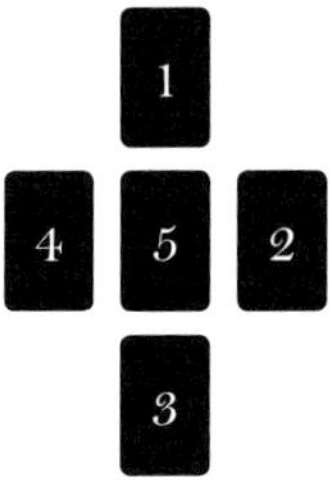

1 私の人生で、明確なこと（あるいは特定の問題）は何？
2 雲に覆われて、見えにくくなっているものは何？
3 はっきりと明確に見えるよう、助けとなるものは何？
4 私を混乱させるものは何？
5 人生（または特定の問題）をシンプルにするにはどうすればいいでしょう？

20

審判

Judgement

keyword

大きな変化、人間関係の回復／
復活、家族または集団の幸福

このカードの絵柄の原点は、聖書の「最後の審判」を描いた中世及びルネサンス絵画まで遡ります。天使ガブリエルがラッパを吹き、死者が立ち上がります。天国に召される者もいますが、大多数は地獄の炎と突き刺す槍の山へと落とされます。このような関連性から、多くの人、特に日曜学校や、恐ろしげなお説教が強烈に思い出として残っている人にとっては、このカードは『20.審判』という名前自体、心をかき乱される不穏なものとして感じられます。

こういった人たちは、誰か（または自分自身）が、自分に対して何らかの判定／判断を下すことを恐れます。こういった人たちはどういうわけか、肯定的な結果が下されるとは決して考えません。それはおそらく、日曜学校の教師たちが「ほんの一部の、言うなれば聖人だけが天国に行けるのだ」と教えていたからでしょう。そして、私たちの一体何人が、自分が聖人だと思うでしょうか？　この絵を見てください。開いた棺と思われる場所から立ち上がっている６人の人々の喜びと驚きがわかるでしょうか。誰も、判定などされていません。誰も、どこにも連れて行かれていません。その代わり、ここに見られるのは偉大なる上昇、象徴的に示された意識の変化です。それは長い蓄積の結果かもしれませんが、突如として起こったように見えます。

ポール・フォスター・ケイスは、ウェイトによるこのカードのデザインに批判的でした。「手前にいる３人の人間」、それで象徴性としては十分ではないか、と。なのになぜ、もう一組の家族を後方に追加しているのか？　私としては、１人の人間の変容が、周りにいるすべての人間に影響を与えるということを意味しているのではないかと考えます。

“十分な”象徴性とは何でしょう？　大アルカナ全体を通し

て、私たちは二元性のイメージをみてきました。6番目のトライアドのトップにある『6.恋人たち』は、右に男性、左に女性が描かれています。その下には『13.死』、その下は『20.審判』です。愛、死、復活。一番下のカードでは、その極性が逆転しています。男性が左、女性が右に描かれており、あたかもすべてが変化してしまったかのようです。とはいうものの、女性が“上の世界”への最初のリンクとなることを、ここで再び指摘しておきましょう。『6.恋人たち』では、天使ラファエルを見上げているのはイヴでした。ここでは、女性がガブリエルによる再生のトランペットの音を受け取ろうと、両手を広げています。

そして今、新しく登場したものがあります。『19.太陽』の子どものように、子どもが両手を広げて立っています。子どもの顔を見ることはできません。この子どもが意味しているのは、今までのすべての経験を超えた、完全に新しいものです。この子どもが男の子なのか女の子なのかもわかりません。新たな自己は極性を超越しているのです。

ウェイトは、ラッパは終末論的な世界の終わりを意味するのではなく、霊的な変容を意味するのだということを明らかにしました。「我々の内にあって…」と彼は書いています。「トランペットを鳴らし、我々の低い性質をすべて、それに応じて上昇させてくれるものは何なのか？」と。このカードのナンバー「20」は、一桁ずつに分解して足すと「2」になります。『2.女教皇』のカーテンの後ろに、無意識の海が見えました。ここでは、私たちの古い自己である棺が、海の波の上で開いています。

この素晴らしいカードがリーディングで出てきたら、それは大きな変化が既に起こりつつあることを表しています。質問者の人生に、何かがトランペットを吹き鳴らし、すべての物事が今までとは違ってくるでしょう。今、必要なチャレンジは、この力強い新たな始まりを自覚し、信じることです。

占託的意味

- 新たなスタート、再生――特に人間関係における（恋愛関係でも、家族関係でも、ともかく今まで死んでいたと思える人間関係）
- 既に内側で起こっている大きな変化が外部にも現れてきている
- 家族または集団のお祝い

逆位置

- 変化やチャンスを受け入れることを妨げている、恐れや疑念
- トランペットは鳴っているが、それを信じようとしない

「審判」のためのリーディング

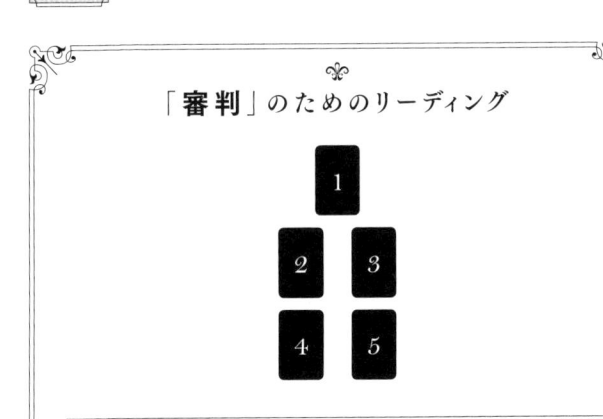

1 立ち上がって新しい何かに生まれ変わるよう、私に呼びかけるものは何？
2 私は何になれるでしょう？
3 私の人生はどのように変化していくでしょう？
4 私の変化はどのような影響を周りに与えるでしょう？
5 どのように呼びかけられていますか？

21

世界

The World

keyword

成功、成就、大きな理解

パメラ・スミスが描いた中でも最も優美な絵の１つ『21.世界』で、大アルカナはクライマックスを迎えます。これは、３枚の“勝利”のカード（『7.戦車』『14.節制』『21.世界』）の中で最後の、また最も輝かしいカードです。絵の中の女性は、伝統的な勝利のシンボルであるリースの内で踊っています。このラインの最初で『15.悪魔』の鎖につながれていた高次の意識は、今や完全に解放され、自由を獲得しました。

『10.運命の輪』の四隅に描かれていた人物（獣）像は、マンガのようにも思え、象徴以上の意味はありませんでしたが、ここでは、これらの人物（獣）像は、現実味のある形で描かれており、中央のダンサーと同じくらい優美であることがわかります。これらの人物（獣）像は、４つの不動宮を表しており、ひいては１年の四季をも表しています。牡牛は牡牛座（春）、ライオンは獅子座（夏）、鷲は蠍座（秋）、そして人間（『10.運命の輪』にあるような天使ではありません）は水瓶座（冬）です。見えているのは意識のシンボルである頭部だけで、私たちの知覚能力を超えた世界から出てきたかのように、雲の中から顔を出しています。小アルカナのエースのカードでも、同じように雲の中から手が出ており、『1.魔術師』のテーブルにあった物、すなわちそれぞれのスートを表すワンド、カップ、ソード、ペンタクルを差し出しています。１番目のカードと21番目のカード、「愚者」の旅の最初と最後は、微妙に融合していると同時に、小アルカナの４つのスートとも関連しています。

大アルカナカードの中で、『0.愚者』と『21.世界』以外のすべてのカードでは、人物は静的な姿勢で立っているか座っているか、あるいはひざまずいているのに対し、『0.愚者』と『21.世界』だけは人物に動きがあり、腕を広げて踊っています。『0.愚者』と『21.世界』、最初と最後には、他にも関連性があります。『21.世界』の勝利のリースは『0.愚者』のナンバー「０」の形をしており、リースの上と下には、無限大記号∞（レムニスケート）の形に赤いサッシュが結ばれています。「上の如く、下も然り」です。『0.愚者』について、あらゆる数をゼロで割ると、結果は常に無限であるということを思い出されたでしょうか。

若い男性ではありますが、『0.愚者』は両性具有的で（他の多くのスミスのキャラクターと同様に）、男性性と女性性両方の性質を兼ね備えています。『21.世界』のダンサーは女性に見えます。しかし伝統的に、サッシュの下に男性と女性両方の生殖器が隠されている、両性具有の存在であると密かに考えられています。おそらくこのカードの最初のイメージは、男性――つまり、墓から復活して、天に召されたキリストの絵画だったのではないかと思います。『0.愚者』は、すべての可能性を秘めていながら、まだ何も実現していない状態でしたが、『21.世界』では、すべてが成就しています。『0.愚者』は無邪気で純粋、『21.世界』は叡智であり、その両方が完全な人間を示しています。

ナンバー「21」は、『2.女教皇』と『1.魔術師』を持っています。ダンサーは両端が同じ形をした『魔術師』の杖を、『2.女教皇』の円柱のごとく、１本ずつ両手に持っています。彼女は肩越しに後ろ（過去）を振り返ってみながらも、前（未来）に向かって踊っています。

この絵の最も卓越したところは、こういったすべてのシンボルや思想が、このように優美で自然な形を取って、私たちに迫ってくるということでしょう。このカードを見ていると、私たち自身の身体に、深い真理を感じることができます。これが、タロット・リーディングの偉大なる秘密、カードそのものになる、ということなのです。

占託的意味

- 成功、現状打破（ブレイクスルー）、力強い理解
- 成就
- 全体性と自由
- （時として）外界からの認知／承認

逆位置

- 失敗というよりは、停滞または遅延
- 場合によっては、人生や状況がより構造化される、より安定的になる
- 急激な変化の影響を受けにくい

「世界」のためのリーディング

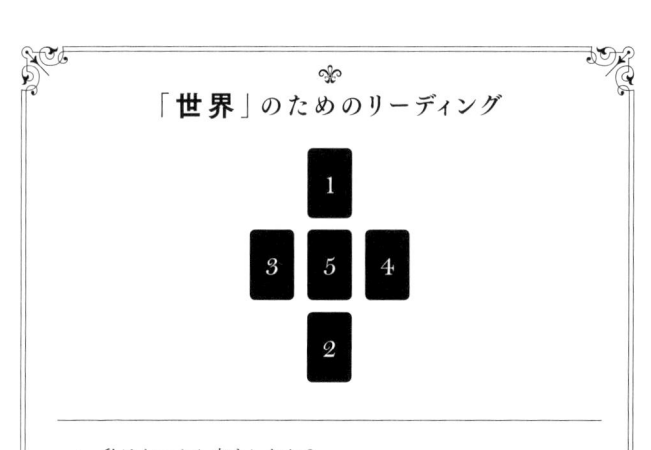

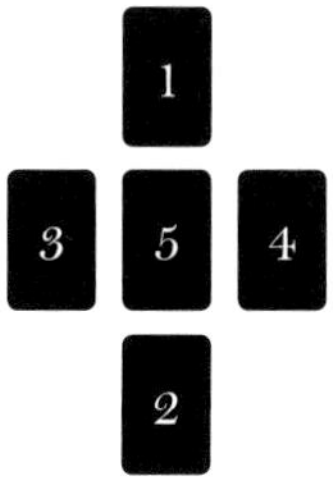

1 私はどこから来ましたか？
2 私はどこに向かっていますか？
3 私が自分のために保持しているものは何？
4 私は他者に何を与えるでしょう？
5 どんな新しいことが私を待ち受けているでしょうか？

小アルカナ
――数札――

Minor Arcana Pip Cards

小アルカナ

大アルカナが「愚者の旅」の壮大な物語を表現しているのに対し、小アルカナは、人生の経験を万華鏡のように見せてくれます。４つのスートはどれも同じ構造、すなわち小アルカナには10枚の数札と、４枚のコートカードを持ちますが、それぞれのスートに特有の性質で彩られています。

カードゲームのことを思い出してください。ほとんどのカードゲームでは、スートは特に問題になりません。「クラブの４」は、基本的に「スペードの４」と同じです。しかし、タロットでは「ワンドの４」と「ソードの４」は大きく違います。どちらのカードも、“４の性質”とでも呼ぶべき共通の性質を持ってはいるのですが、スートのエネルギーがその性質を変えるのです。総合して、56枚の小アルカナカードは、人生の様々な場面や登場人物を見せてくれます。

小アルカナカードは、２つの異なるグループで構成されます。“ピップ”すなわち数札（エースから10まで）と、コートカード（ペイジ、ナイト、クイーン、キング）です。ほとんどの本では、各スートごとにまとめて、たとえばエースからキングまでを見ていくのですが、最近私は数札とコートカードを別に見ていく方が良いと感じるようになりました。というのも、数札が出来事や状況を示しているのに対し、コートカードは人物という別の事柄を示すものだからです。それは実際に誰か個人（たとえば占い師がよく言う、“間もなくあなたが出会う人”）である場合もありますし、誰かの性格的特徴かもしれません。各スートの性質は、どちらのグループにもあてはまります。「ワンドの４」が、「４」の性質とワンドの性質の組み合わせであるのと同様に、「ワンドのクイーン」が表すのは、自信に満ち溢れた、炎のようなワンドの世界における「クイーン」の性質です。

＊———スートとは何か

数札の各ナンバーやコートカードの人物を見ていく前に、どちらにも共通する性質、すなわちスートについて見てみましょう。スートを理解するのに最もよく見られる方法は、伝統的な“四大元素”、つまり火・水・風・地のエレメントによる考え方です。この生命の区分方法の起源は、何千年もの昔に遡り、西洋占星学や錬金術も含め、多くの伝統的な考え方に見られます。ライダー・デッキでは、ワンドは火に属し、カップは水、ソードは風、ペンタクルは地に属しています。

火が表すのは、創造の最初のひらめき、暖かさ、行動、エネルギー、自信です。水が表現するのは、感情（特に愛と人間関係）、想像力、直感、家族です。風が表すのは、精神／知性です。精神／知性は風のように、目で見ることはできませんが、常に私たちに影響を与えています。風は、穏やかな時には沈思のような経験となりますし、荒々しい時には嵐のような怒りの経験となります。タロットでは、風はソードで表されますので、その絵柄は葛藤や悲しみの場面を表現したものとなる傾向があります。地のエレメントが連想させるのは、堅さ、安定性です。これはお金と仕事——最初にこのスートのシンボルとされていたのはコインでした——そして自然と関連しています。ペンタクル（円の中の五芒星）は、大地に根差した信仰、ウィッカ（魔女宗）のシンボルとなりました。

ここで紹介しているのは、スートとエレメント、その性質のリストです。

ワンド：火――男性的エネルギー――行動、楽観主義、性的欲求、冒険、力強さ、競争

カップ：水――女性的エネルギー――感情、愛、人間関係、想像力、幸福、悲しみ、家族

ソード：風――知性――知的活動、葛藤、勇敢さ、悲嘆、公正と不正

ペンタクル：地――肉体――自然、仕事、お金、所有物、安心／安全

これらの性質はすべて、バラバラに存在しているのではなく、互いに組み合わされ、または対立し、互いに中に入ったり出たりしながら存在しています。これらのエレメントは、リーディングを通じてこそ、最も本質的に体験・理解されます。そこでは何枚ものカードが、エレメントの無限のバリエーションを描き出します。

ワンドとカップは、どちらかというとポジティブで楽観的である一方、ソードとペンタクルは、どちらかというと暗く、困難を伴うという傾向があります。また、ワンドとペンタクルは、行動と仕事、外部的な物事を扱い、カップとソードは、感情と思考という目に見えない性質を扱います。

数札も、ただスートの性質を帯びるだけでなく、ナンバーが関係します。「1」または「エース」から「10」までの数です。これらのナンバーの考え方に関しては（個別の数字についてにせよ、グループとしてにせよ）数多くの方法が存在します。しかし、さまざまな体系と関連付けて考える前に、まずは単刀直入に絵柄そのものと向き合ってみましょう。少し前のことですが、私は各ナンバーのカードをそれぞれ４枚、たとえば『ワンドの２』『カップの２』『ソードの２』『ペンタクルの２』を抜き出して、ただそこに共通することは何かを見ればいいのではないか、ということに思い至りました。そうすれば、各ナンバーにはどんなテーマや共通するエネルギーがあるのかが見えてくるはずです。

このエクササイズの魅力の１つは、時としてそのテーマが、エレメントの性質に反する形で作用するのが発見されることです。たとえば、４枚の「８」のカードが共有しているのは、“動き”というテーマです。これは、飛んでいるワンドが描かれた『ワンドの８』では、明らかです。カップでも、男性がカップを後にして、月の下、丘を登り始めます。また、ペンタクルでさえも、人物は１つ、また１つと、淡々とペンタクルを彫っています。しかし、ソードに描かれた、縛られた女性はどうでしょう？　もし誰かがあなたを縛り上げ、目隠しをし、まったく動きを取ることができないよう周りに剣（ソード）を刺しておいたとすれば。その時点において、あなたの人生で最も重要な問題となっているのは、“動き”だということになるのではないでしょうか？

以下に紹介するのは、私自身がカードを観察した結果であり、決して絶対的な真理ではありません。私が強くお勧めしたいのは、自分でカードを並べ、あなた自身が何を発見するか、それを見るということです。

◆エース

スートの純粋なエネルギー。スピリットからのギフト。どのエースのカードも、雲から現れた手が、そのスートのシンボルを差し出しています。それはまるで、私たちがするべきことは手を伸ばしてそれを取るだけなんですよ、と言っているかのようです。エース／１は、10個のナンバーの中で最もシンプルなナンバーです。

◆2

選択、またはバランスを取ろうと試みる。ワンドでは、安心／安全か、冒険かを選ばなくてはなりません。カップでは、人間関係におけるバランスを見出します。ソードでは、知性に目隠しをして、選択することに抵抗しています。ペンタクルでは、無限大記号∞（レムニスケート）のようなループの中で、人生の多様な側面のバランスを取っています。

◆3

開花、またはそのスートのエネルギーからの創造物。ワンドにとっては、それは根を下ろすこと。カップにとっては友情。ソードにとっては悲嘆と傷心。ペンタクルにとっては熟練した仕事です。

◆4

構造化。ワンドではシンプルで小さな居場所（火は封じ込められることを好みません）。カップでは新しいことへの挑戦に対するためらい。ソードでは安らぎへの隠遁。ペンタクルでは自分の人生を守り、定めるためのお金または所有物。

◆5

人生における困難。炎のようなワンドが、葛藤や対立によって活性化していますが、それがカップでは悲嘆、ソードでは屈辱的な敗北を喫しており、ペンタクルに描かれているカップルは、手足が不自由となり、無一文で、裸足で雪の中を歩いています。この不穏なテーマは、カバラの「生命の樹」に由来します。『ペンタクルの10』には、ディスク（ペンタクル）が生命の樹のレイアウトで表されていますが、『ペンタクルの５』の画面上部など、他の場所でもそれを垣間見ることができます。「生命の樹」では、５番目のポジションは過酷さの場所であり、それゆえ「５」のカード群は最も困難なグループとなっています。

◆6

人間関係における優位性、そこから生まれる寛大さ。それぞれのカードでは、１人の人間が他の人間の上に立っています。カップでは１人、ソードとペンタクルでは２人、ワンドでは集団全体の上に、１人の人間が立っています。しかし彼らはその位置から、他の人たちに対し、寛大な態度を取っています。ワンドの騎兵は、自分の楽観的性質と自信を彼と共に歩いている人々と共有し、『カップの６』では、年上の子どもが年下の子どもに花を与えています。ソードの男性は船で２人の人物を運んでおり、『ペンタクルの６』では慈善行為のイメージを表しています。

◆7

行動、または行動を起こそうと考えている。ワンドの人物は、自分がトップであり続ける必要があることを理解しています。カップでは、可能性について空想しています。ソードの人物は、剣（ソード）をひと抱えして、こっそり立ち去っています。ペンタクルの農夫は、満足感、あるいは懸念をもって（これはあなたがこの人物の表情をどのように読むかによります）、自分の庭を眺めています。

◆8

動き。ワンドは空を切って飛んでいます。カップでは、１人の男性がカップを後にして去って行きます。ソードの目隠しをされた女性は、動きを取ることがまったくできません。

そして職人が１つひとつ、ペンタクルを創る技術を高めています。

◆9

集中し円熟した、高い状態にあるエレメントの性質。ワンドが表しているのは、勇気と強さ、カップは満足感、ソードは悲痛、ペンタクルは成功を生み出す鍛錬です。

◆10

超過／過剰。背中が曲がってしまうほどの、ワンドの責任。カップでは、家族が幸せを祝っています。ソードは苦しみ、ペンタクルでは、豪奢な生活を営んではいるが、おそらく物質的な快適さの外に広がる魔法は視野に入っていません。

ワンド

Wands

ワンドのエース

Ace of Wands

◆Theme

スートの純粋なエネルギー、ギフト

◆Element

火

灰色の雲から白い手が出てきて、生命力溢れる杖をしっかりと握っています。空も下方に見える城も同様に灰色に見え、そのせいか退屈な世界にワンドが人生の輝きとフレッシュな生命を提示しているように思えます。興味深いことには、「２」のカードでも空は灰色で、「３」では薄いオリーブグリーン、「４」では黄金色、その後「キング」に至るまで、このスートのすべてのカードを経て、空の色はより現実的なブルーへと落ち着くかのようです。

これは火の贈り物です。生命そのもの、これがなければ何も起こらない基本となるエネルギーの贈り物なのです。男根のようでもある杖は、男性のセクシュアリティと性的能力を暗示しています。それゆえ、子どもを望んでいるカップルの男性にとっては良いカードとなります。それだけに留まらず、このカードが表すのは生命力一般（行動を起こす原動力となる、あるいは行動を起こそうという気にさせてくれる力）と説明することができるでしょう。小アルカナ最初のスートの最初のカードとして、このカードは、始まり、及び最初の衝動を意味します。

８枚の葉が落ちています。『8.力』と同じ数です。これらの葉は、さりげなくヘブライ文字のヨド（『16.塔』『カップのエース』『ソードのエース』にも同様に見られます）、ヘブライの神聖な名前の最初の文字の形をしています（『10.運命の輪』『14.節制』参照）。ヨドが意味するのは、純粋なエネルギーです。スートの最後では、１本の棒は増幅して10本の重荷となりますが、ここでは行動への欲求はまだ純粋なままです。

占託的意味

- ◆エネルギー、生命、健康、力強さ
- ◆強引さ、熱意のある
- ◆熱烈な始まり

逆位置

- ◆ためらい、挫折／後退、疑い
- ◆（もしかすると）新しいことを始める時期ではない
- ◆男性にとっては、性的な問題の可能性（質問内容と他のカードによる）

ワンドの2

Two of Wands

◆Theme
選択、バランス

◆Element
火

城壁らしき場所に立つ、なにかを達成した、誇らしげな男。服装は商人のようで、高貴な出自のようには見えません。彼は自分が世界を征服したかのように、地球を手に持ち——ただし、非常に小さい世界ではありますが——今やもっと大きな世界に目を向けているようです。ここでの彼の選択枝はすなわち、彼が今所有しているものとともにここに居続けるか、あるいは危険を侵し、新たな経験を求めるか、ということになります。

　彼は、もう出発の準備はできているとでもいうように、杖を手に持っていますが、もう１本の杖は壁に固定されたままです。それは彼が現在の人生に留め持っているもの――責任、家族、名声――などを象徴するのでしょう。

　ウェイトは、この人物を“アレキサンダー大王の悲しみ”をまとっている、と描写しています。(既知の)世界を征服し、「で、後は何が残っているのだ？」と涙するアレキサンダー大王です。しかし、それは大袈裟であり、またやや悲観的に過ぎるでしょう。彼が遠くを眺める様子からは、彼は自分が所有している小さな世界での成功や権力よりも、人生にはずっと重要な何かがあるということを、十分に理解していることが見て取れます。しかし、彼はどれくらいのリスクを負う気になれるでしょう？　ワンドに象徴される冒険への欲求を満たすために、彼は自分が成し遂げたすべてのものを、そしておそらく他者に対する自分の責任さえも後にして、歩きだすことができるのでしょうか？

　左側にある石には、バラと百合が交差した紋章が見えます。「魔術師」の広間にあったのと同じ花です。それらは彼の欲望の純粋さを表しています。

占託的意味

- （特に安全と冒険の間の）選択
- リスクの問題
- 成功、しかし閉塞感がある

逆位置

- 人生において、新しい領域へと移動する
- 選択の結果
- わくわくする興奮、しかし緊張感もある

ワンドの3

Three of Wands

◆Theme
スートのエネルギーが開花する

◆Element
火

「『ワンドの２』と『ワンドの３』の違いは何ですか？」と聞かれることがよくあります。どちらのカードも、ワンドを手にして高い場所に立ち、海をはるかに見渡しています。わずかな違いを挙げるなら、「２」では男性は１本のワンドを手に持ち、もう１本は壁に固定されています。このカードでは、３本のうち２本は大地に根ざしているかのように直立しています。そして「２」の男性が城壁から見渡しているのに対し、護衛も防壁もない開けた場所に立っています。この人物の着ている衣服を見てください。裕福に見えるでしょうか？　あるいは間に合わせの服に見えるでしょうか？　おそらく彼は、冒険と新たな可能性へ向けたワンドの燃えるような欲求のために、喜んですべてをリスクにかけるでしょう。このようにして、エレメントのエネルギーが花開くのです。

彼は私たちに背を向けて立ち、その顔は『20.審判』の子どもと同様、慎重に隠されています。これが暗示しているのは、新たな未知の世界です。赤ん坊と違って、彼は１人で立っています。それゆえ、このカードは時として「パートナーもサポートもなしで、新しいことに賭けてみる」ことを意味します。丘の上に１人でいる彼の佇まいは、『9.隠者』、また『0.愚者』を暗示します。

彼の眼下に広がる入り江を見てください。舟が海を渡っていくのが見えます。これらの舟が小さいのは、彼がどれほど高いところにいるのか、下の方で実際に起きている出来事からどれくらい離れているのかを示しています。「彼は舟を逃したのだ」という人もいます。彼が関与したがらなかったせいで、人生は彼を置き去りにしていったのだと。しかし、これらの舟は彼の指揮下にある艦隊かもしれません。あなた自身に、あるいは質問者にこう聞いてみましょう。「これらの舟は出航しているのでしょうか？　あるいは帰港しているのでしょうか？」

占託的意味

- １人で立ち、自分の人生を見渡している
- 自分の能力や資質をすべて、何かに捧げる。あるいは、何かに（特に人間関係に）関わるのを渋る、関わりたがらない

逆位置

- 古風な占いの伝統では、「逆境の終わり」と説明される
- （場合によっては）誰かと提携する
- ビジネス上のパートナー

ワンドの4

Four of Wands

◆Theme
構造化

◆Element
火

タロットの中でも最も幸福なカードの１つです。非常にポジティブで、ウェイトもこのカードを「(逆位置においても)その意味は変わらない」と述べています。ある集団がお祝いをしている図で、２人の人物がブーケを掲げ、その後ろでは人々がダンスをしています。４本の棒には花が吊るされ、ここからユダヤの結婚式に用いられる天蓋《フッパー》を想像する人もいます。それゆえこのカードは、特に『6.恋人たち』『カップの２』

『5.教皇』と一緒に出た場合、結婚を暗示することがあります。しかし、この解釈を認めない人もいます。前方の２人の人物を、両方とも女性と見る場合です。いずれにせよ、ウェイトの特徴である両性具有的な描き方により、はっきりと断定するのは困難ですし、このような区別は次第に重要ではなくなります。タロットの意味は“製作者の意図”がどのようなものであっても、時と共に変化します。

ナンバー「４」は構造を連想させますが、「火」の性質は封じ込められることに反発します。加えて、生命の樹の第４のセフィラ、“慈悲《ケセド》”が表すのは広がりであり、ゆえにこのカードが示すのも最も単純な、原初的な構造です。カードの人物たちが、より堅固な構造、つまり灰色の城壁に囲まれた街から移動してきたことに注意してください。これは単に町内《ブロック》の野外《・パーティ》パーティのような気軽な集いか、あるいは長きにわたって患っていた病気からの回復祝いといった、重要な祝宴かもしれません。

このカードを、同じく灰色の石でできた『16.塔』と並べてみると、そこに描かれた人物が似ていることに気付かれるでしょう。１人は赤、もう１人は青の服を着ています（これらは男性と女性の基本色です）。それゆえこのカードは、困難な状況から解放され、自由を得たことを示唆しているのかもしれません。『20.審判』と同様、最初に解放される人が、周りの人々にも喜びをもたらすのです。

占託的意味

- 祝い、（特に誰かとの）喜び
- （場合によっては）結婚
- 病気からの回復、または困難な状況からの解放

逆位置

- ウェイトによれば、意味は正位置と変わらない
- また、繁栄、田舎暮らし
- （場合によっては）祝いに遅延が生じる

ワンドの5

Five of Wands

◆Theme
困難

◆Element
火

「火」は、生命力と楽観主義によっていっそう高まります。となると、このエレメントは「5」の性質に反発するものだということになります。ウェイト版では「5」は困難と葛藤を表しているからです。「5」は私たちをテストし、うまくいけばより強く、賢くしてくれます。ニーチェの有名な一節「死なない程度の困難は人を強くする」は、困難な状況に直面した時の「火」の信条なのかもしれません。

「４」の集団でのお祝いは、ここでは一見すると５人の少年（または青年）が棒で戦っていると見える、争いの場に取って代わられました。とはいえ、彼らは本当に争っているのでしょうか？　このカードは、自分自身に（あるいは質問者に対し）、問いを発する必要があるカードの１つです。ここで何が起きているのでしょう？　彼らは戦っているのでしょうか？　しかし誰も傷ついているようには見えません。子どものチャンバラごっこのようでもあります。このカードが意味しているのは、性質《たち》の良い戦い、または競争の場であり、ここでは誰もが公平で、破壊しようという欲求よりもむしろ、競争のスリルに駆り立てられています。

彼らは何かを建設しようとしているのだという人もいます。もしそうであれば、無秩序な「火」のエネルギーは、チームの統制を取るのを難しくするでしょう。このカードは、組織に渦巻くカオス的なエネルギーを表すこともあります。

占託的意味

- 恨みや悪意のない競争
- 組織化や方向付けを必要としている、ポジティブではあるが、カオス的なエネルギー
- 明確な方向性を持っていない熱意や情熱

逆位置

- エネルギーをフォーカスする方法を学ぶ、あるいは、生産的なやり方で熱意や情熱を方向づけることを学ぶ
- （時として）競争の激しい状況
- たとえば職場が意地悪く厄介なことになり、非倫理的な行動を取る人や、こそこそと隠れて何かをしている人がいる可能性

ワンドの6

Six of Wands

◆Theme

優位性、寛大さ

◆Element

火

『ワンドの5』が示したのは、平等だがいまだ何も達成されない、熱狂的で無秩序なエネルギーでした。さて、このカードにはリーダーが描かれています。「優位性」というテーマが表しているのは、ワンドのポジティブなエネルギーを持った人が、人々を惹きつけ、従わせるということです。この男性は馬に乗っており、人々は彼に沿って歩いています。馬に掛けられた装飾的な布は、パレードを思い起こさせます。

5人の歩行者のワンドが、どれもだいたい同じ高さであるのに対し、馬上の人物のワンドだけそれより高くあることが、彼の優位性を表しています。ここでの「寛大さ」は、他の人たちが彼を中心に組織化していくことができるよう、自信に溢れたリーダーの役割を担う、という意味になります。

「黄金の夜明け団」の教義では、各小アルカナカードにタイトルが付けられており、『ワンドの6』のタイトルは「勝利」です。男性の頭上と彼の持っているワンドには、月桂樹のリースが掛けられています。征服は既になされたのでしょうか？

それとも、彼はその絶大なる自信から、勝利を当然のことと考えているだけなのでしょうか？　ウェイトは、「希望の王冠」「欲求で飾られた期待」と述べています。それゆえこのカードは、“自己達成しつつある予言”という性質を帯びます。自分を信じ、求めることは得られるのだと考えてください。そして、他の人々もあなたの勝利を期待しているのだと。

「どうやってそのレベルにまで自信を高めることができるのですか？」と問われるかもしれません。望みを達成したふりをしたところで、もちろんそれだけではうまくいかないでしょう。しかし、タロットは単なる思いつきではなく、現実化する可能性を提示しているのです。カードを眺め、吸収し、自信とリーダーシップを手に入れてください。

占託的意味

- 自信、成功、楽観主義、リーダーシップ、追随者を惹きつける能力
- 自己実現しつつある予言としての、何かしらの勝利

逆位置

- ネガティブさ、悲観的、自信喪失
- カードを正位置に直し、自身を好転させる必要性
- よりポジティブな解釈：追随者や信奉者を必要とせず、我が道を進む

ワンドの7

Seven of Wands

◆Theme
行動

◆Element
火

ワンドは最も活発なスートですから、このカードの「行動」というテーマも、かなり極端に表現されるのではないか、と予想する人もいるでしょう。確かに、この人物はエネルギーに溢れて見えます。大きく足を開いて丘の上に立ち、戦闘準備ができているというようにワンドを構えています。彼の取っている姿勢から、彼は何らかの攻撃を受けており、下のワンドが彼を突き刺そうとしていると、多くの人が考えるようです。『ワンドの６』では彼に従って熱っぽく行進していた追随者たちが、リーダーに反旗を翻したのでしょうか？

もちろん、まだ使われていない資源《リソース》という考えといった、他の解釈も存在します。このカードの人物の表情は、他の多くのカードと比べてより豊かに表現されています。決意？　怒り？　恐れ？　興奮？　このカードは、質問者に絵（特に中央の人物）について、説明してもらうよう尋ねたくなるカードの１つです。この人物は、普通の靴とブーツを片方ずつ履いており、左右が合っていないことに気付かれたでしょうか？　目についたものをさっと身に着け、急いで丘の上に駆け付けたかのような様子です。このような無秩序が示唆しているのは、いくつかの難局に一度に対処しつつ、何とか状況を掌握しようと、四苦八苦している状態です。言い換えるなら、このカードは多くの人にとって、不快なまでに身につまされる印象を与えるのではないでしょうか。

どのスートにも、利点と欠点があります。ワンドには、激しいエネルギーと楽観的性質とがありますが、「火」は封じ込められることに抵抗します。それゆえ、計画を立てたり、適切な勝負を選択することが難しくなるのです。もし、このカードの人物が戦士を表しているなら、彼は一度に６つもの戦いを前に、どのように解決すべきか明確な計画のない中で、立ち往生しているようです。

占託的意味

- 活発で力強いエネルギー（攻撃的である可能性）
- 実際の（または想像上の）脅威に対して防御の構えを取る
- （時として）多くの異なる事柄に、一度にエネルギーを注ぐが、どれも解決に困難を生じている

逆位置

- 無秩序な状態、（もしかすると）圧倒されている
- 戦いを選ぶこと
- 一度に一つの問題に取り組むことを学ぶ

ワンドの8

Eight of Wands

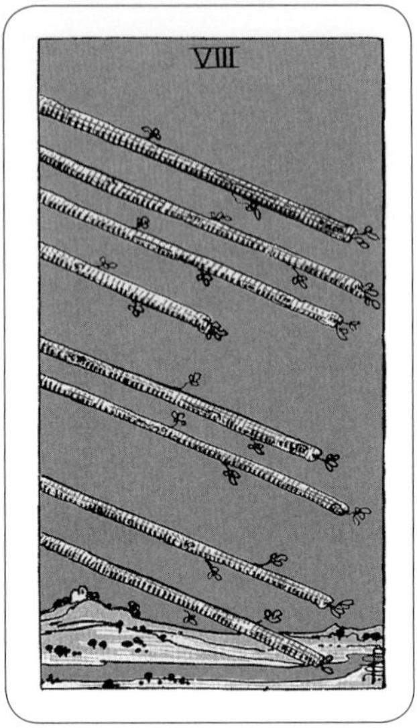

◆Theme
動き

◆Element
火

エースのカードを別にすれば（そこでは身体はなく手だけが描かれていました）、このカードは小アルカナカードの内、人物が描かれていないカードの1枚となります。実際、『18.月』の動物たち、『10.運命の輪』の神話的人物を考慮すれば、デッキ全体の内でも、風景に点在する木々の他、生き物が何もいないカードです（少なくとも、エースには手が描かれています）。誰も人がいないという状況をどう考えたらいいでしょう？　これは、質問者（あるいは他の誰か）の意図的な行動によってではなく、自発的に発生した出来事と考えることができるかもしれません。この絵を明るく安心感のあるものと見るか、心乱されるような不安感を煽るものとして見るかは、この出来事が今後どのような成り行きを辿るのかによるでしょう。「動き」というテーマは、炎のようなワンドの性質と相性良く作用します。人が誰も見当たらないのは、すべて「火」のエネルギーに変化してしまったからかもしれません。ここにカオスはなく、ワンドはすべて同じ角度、同じ方向に向かって、一様に動いています。葉の配置は、ワンドが左から右へ、そして大地に向かって移動していることを示します。伝統的に、左は潜在的可能性を、右は実現を表します。同様に、地面に向かって動いているのは、今起こっていることが、何らかの結実に至るであろうことを示唆しています。可能性は、実現に向かって動いているのです。穏やかな風景は、肯定的な結果を暗示しています。

あるすてきな伝統的解釈では、これを「愛の矢」と呼んでいます。質問者はそれを放つ、または受け取ることになるのでしょうか？　いずれにしても、このカードのポジティブなエネルギーは、それを歓迎してくれるハートへと届くであろうことを示しています。

占託的意味

- ポジティブな動き、組織／まとまり
- 良い結果を伴う迅速な行動
- メッセージか単なる願望か、いずれにしても、愛の表現

逆位置

- 遅延、フォーカスができていない
- 計画を結果に結びつけるには、さらに意識的に導きや助言を得る必要があるかもしれない
- （場合によっては）他に問題のあるカードと一緒に出てきたら、人間関係を危険にさらす可能性のある「嫉妬の矢」

ワンドの9

Nine of Wands

◆Theme

集中、円熟

◆Element

火

このカードは、いろんな意味で「7」のカードと似たところがあります。彼は勇敢に立っています。打ちのめされ、疲弊していますが、何であれ一番大切なものを守る準備はできています。同時に、「7」と同様、解決策があるようには感じられません。唯一、戦いを続ける強さが彼にあるだけです。「火」が10に向かってより高いナンバーに達すると、無秩序、多様な対処方法の欠如、勇気・強さ・根性への過剰な依存などのスートの弱点もより顕著になります。

このカードが出てきた時は――たとえ通常の解釈をするにせよ――質問者（または自分自身）に、この人物の背後にあるワンドについて注意するよう、尋ねてみたくなるかもしれません。彼が背後のワンドを肩越しにちらりと見ている様子は、これらのワンドは問題あるいは敵を象徴し、彼は自分を守るために、もう一度戦いの準備を整えているように見えます。 さて、彼の真後ろの空白を見てください。彼が持っているワンドは、ほんの少し前まで、ずらりと並んだ一列の杖の一本であったかのようです。ワンドはすべて彼の持ち物であり、彼の資質／資力の備蓄、あるいはエネルギーの蓄えだと見る人もいるかもしれません。

この絵は、緊張を表しています。このようにワンドを握ることで、右肩はすぼまり、それだけでなく心臓と肺も圧迫し、感じたり呼吸したりすることが難しくなっています。頭の包帯は、精神的な傷を意味しています。それは人生の問題において、英雄的態度を取ってきたことに対する、彼が支払った代償です。

占託的意味

- ◆パワー、勇気、攻撃や相次ぐ危機から自分を守る力
- ◆守勢、緊張

逆位置

- ◆弱さ、しかし自己防衛的態度を取ることをやめる
- ◆絶えず戦い続けるより、他の解決策をみつけようという意欲を意味することも
- ◆他人の視点やニーズに対してオープンになる

（もし逆位置の意味を使用しないなら、正位置に置き直してこのカードが本来持っている意味について考えてみてください）

ワンド10

Ten of Wands

◆Theme
超過／過剰

◆Element
火

ワンドにおいては、「火」が過剰となることは、過剰な重荷につながります。エースから続く熱意は、ここで10本のワンドへと広がりました。人物の顔はうつむき隠れていますが、彼は今や、これら10本のワンドを目的地まで運ばなければなりません。それはまるで、彼がその燃えるような自信から、次々と重い責任を引き受けてしまったかのようです。

彼はもしかすると、単にチャンスにもチャレンジにも抗うことができない人なのかもしれません。あるいは、すべてが彼の肩に懸かっているのだという信念から逃れられず、誰かに責任を引き受けてもらえるよう頼むことが、どうにもできないのかもしれません。

彼は問題を解決しようと、あるいは最善の方法を見出そうと、立ち止まることもしません。以前タロットのクラスで、私は「パメラ・スミスは今まで10本のワンドをどこかに運んだことがなかったのね。だって、ワンドを束ねて肩に乗せれば、ずっと仕事は楽になるのに」と冗談を言ったことがあるのですが、「そうすると、芽が全部つぶれてしまいますよ。彼は、すべての可能性が開花するチャンスを持てるよう、進んで仕事を大変にしているんです」と指摘した人がいました。そうすると、彼のイメージは、他の人たちのニーズに貢献している図となります。

人間関係に関するリーディングで「ワンドの10」が出た場合、それはパートナーに何も尋ねることをせず、自分だけでその関係を営もうとしていることを表します。これがほのめかしているのは普通、拒絶に対する恐れです。「もし彼に習慣を変えてとか、もっと話し合いましょうよ、なんて言ったら、彼はきっと私から去ってしまうわ」と。

占託的意味

- 重荷、責任過多
- 熱意から、あまりに多くのプロジェクトを引き受け過ぎる
- 人間関係において、自分だけで関係を維持しようとしている人

逆位置

- プロジェクトの失敗を意味することもあるが、多くは責任からの解放を意味する。プロジェクトが終わるか、または負担を誰かと分担することによって、人生が簡略化され、容易になる
- 人間関係における、より豊かなコミュニケーション
- 問題を分かち合う

「ワンド」のためのリーディング

1 私の人生における「火」は何ですか？
2 私が情熱的なのはどんな時？
3 私が燃え尽きてしまうのはどんな時？
4 自分の「火」をもっと方向付ける方法は？

カップ

Cups

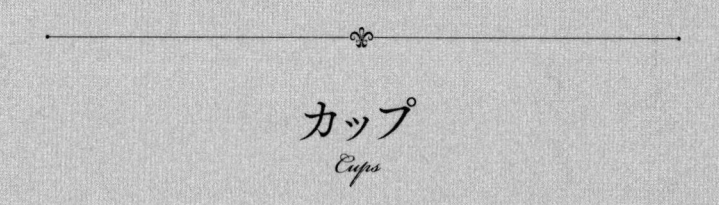

カップのエース

Ace of Cups

◆Theme

スートの純粋なエネルギー、ギフト

◆Element

水

雲から白い手が出てきて、こちらに手渡そうとしているかのように、優雅な様子で精巧なカップを差し出しています。「クイーン」のカップを除けば、他のどのカードよりもエレガントなこのカップは、キリストが最後の晩餐で使用した“聖杯”を表しており、それゆえ魔術的なヒーリング・パワーが宿るとされています。

聖杯の物語は、アーサー王とその騎士たちと関係づけられ中世に誕生しましたが、ウェイト版が製作された頃に大きくリバイバルし、タロットの4つのスートが、この神秘の物語に登場する聖なる秘宝に由来するという主張もなされました。『カップのエース』が聖杯を表していることに疑いの余地がないことは、聖霊の象徴である、聖餅を運ぶ鳩が描かれていることからも明らかです。多くの人はそれら“秘宝《ハロウ》”がキリスト教以前の神や女神の聖なる品物に由来し、聖杯も元々は前キリスト教的な「再生の大釜」であったと信じています。

エースの各カードは、稼いだり獲得したりするものではなく、ただそこにある贈り物として、私たちにもたらされます。なかでも『カップのエース』は、最も純粋なギフト、愛の贈り物です。ロマンティックな愛や、情熱的な愛と同時に、このカードはスピリチュアルな愛や神の恩寵、癒やしをも象徴します。カップからは水が、5本の流れ――大アルカナ＋4つのスート――となって溢れ出ています。水滴はヘブライ文字のヨドの形をしています。全能の神名の最初の文字です。そして水滴それ自体は、神の恵みを象徴しています。ここには陸がないことに気付かれたでしょうか。ここにあるのは水のみ、つまり純粋な感覚のみです。

占託的意味

- ◆（様々なレベルでの）愛
- ◆神の恩寵、癒やし、スピリチュアルな覚醒、心の栄養
- ◆これらのことがすべて、ギフトとしてやってくる。獲得しようと戦ったり苦しんだりする必要はなく、ただもたらされる

逆位置

- ◆幸福が阻まれているかもしれない。あるいは、誰かが愛を差し出してくれているのに、気付いていない可能性
- ◆肉体的、感情的、あるいは霊的に、自分自身に滋養を与える必要がある

カップの2

Two of Cups

◆Theme

選択、バランス

◆Element

水

感情《フィーリング》と人間関係のスートであるカップでは、「バランス」というテーマは、対等な結びつきを通じて達成されます。男性が女性に手を差し伸べるしぐさをしてはいますが、彼らは2人ともリースをかぶり、厳粛な儀式のような雰囲気で立っています。この2人の様子があまりに厳粛なので、恋愛状態にあるカップルというより、むしろ儀式を遂行している魔術師と見る人もいます。その印象は、2人のカップの間にカドゥケウス（ヘルメスの杖）が描かれていることで、さらに強まります。２匹の蛇が１本の杖に巻きつく古代のイメージは、互いに絡み合った男性エネルギーと女性エネルギーを表し、クンダリニーと呼ばれるエネルギーも表します。クンダリニーは背骨の一番下でとぐろを巻いている２匹の蛇として描かれ、クンダリニーが覚醒すると、背骨に沿って巻きつきながら上昇し、太陽と月のエネルギーが交じり合います。

このカードについての秘教的な見解は、カドゥケウスの上にある翼の付いたライオンの頭という錬金術的なイメージがあることで、より強調されます(医療のシンボルとしてカドゥケウスが使用されるのは、おそらくギリシャの医神アスクレピオスの杖と混同してのことでしょう。しかしアスクレピオスの癒やしの杖に巻きついている蛇は１匹だけです)。

その明らかな魔術的イメージにもかかわらず、『カップの２』はほとんどの場合、恋愛を意味します。しばしば、それは新しい、しかし真剣な恋愛です。ある恋愛に専心／献身すること、または時として、古い恋愛の再生を意味することもあります。

占託的意味

- (おそらくは新しい、そして意義深い）恋愛、人間関係
- 愛の再生、献身
- 2人の間の（感情的であるのと同時に、精神的または魔術的な）エネルギーの流れ
- ヨガ、またはクンダリニーを上昇させるような訓練

逆位置

- 当初予想していたよりも重要性が低くなっている恋愛
- 恋人というより、友達
- 古い問題が、新しい愛を妨害している。『隠者』か『女教皇』、もしくはその他の愛のカードが逆位置で出た場合、独りになる必要性

カップの3

Three of Cups

◆Theme

スートのエネルギーが開花する

◆Element

水

タロット・デッキ全体の中でも、最も幸福なカードの1つです。このカードが表しているのは、お祝い、喜び、友人や家族と共に過ごす楽しい時間などです。ただし、恋愛の兆しを期待している人は、がっかりされるかもしれません。このカードは、どちらかというと共同体に関係するからです。何はさておき、絵柄は喜びに満ちています。地面にはかぼちゃがあり、収穫の時期のようです。ということは、これは豊かさを表す光景です。

収穫は、ただいきなり起こるわけはなく、春と夏の時期にしっかり働いた後にやって来ます。ですので、このカードは報われた多大な努力を象徴するかもしれません。しかし強調されているのは、やはりお祝いです。単純に大きなパーティや、親しい友人たちとの宵を意味することもあります。

3人の女性が描かれており、それゆえこのカードは「水」の持つ、流れる女性性のエネルギーを体現したものです。また、様々な三女神を彷彿とさせます。三美神、運命の女神、古代（そして現代）の信仰の乙女・母・老婆など。それゆえこのカードは、深い感情による結びつき、密な分かち合いという女性的な性質を与えています。

付け加えるなら、3つのカップの位置を見てみましょう。それから生命の樹（『ペンタクルの10』に見られます）を見てください。カップは微妙に生命の樹の一番上の三角形を形作っており、一見自由にダンスしている女性たちが樹そのもの、3本の縦の柱を形作っています。小アルカナでは、スピリチュアリティは日々の生活の中に潜んでいるのです。

占託的意味

- 喜び、お祝い、家族、友情
- （特に女性同士の、しかし女性だけに限らない）深い絆
- 楽しい時間
- 特に大変な努力の後、もたらされる良い“収穫”

逆位置

- 友人との間に緊張がある可能性
- あるいは、友情が恋愛に変わるかもしれない
- 自分で行動を起こす必要。または、何か重要なことが終わるまで、お祝いは延期する必要がある

カップの4

Four of Cups

◆Theme
構造化

◆Element
水

どうやって感情に構造を与えたらいいでしょう？　このカードが与える答えの１つは、感情を内面に留め置いて、新しい可能性には目も向けないことです。この絵の「主人公《ヒーロー》」は、胸の前で腕を組み、断固とした様子で座っています。雲から不思議な手が出て、何か新しいものを差し出してはいますが、彼は目の前に並ぶカップだけを見つめてます。このような表現は、エース以外ではこのカードだけです。つまりこのカードは、彼は愛情または感情、あるいは刺激的な新しいチャンスを無視している、ということを示唆します。

多くの人は、このカードに教訓めいたものを結び付けます。曰く「何か重要なことを無視していますよ」とか、「組んでいる腕をほどき、愛のカップに手を伸ばさなければいけません」など。もしかしたら、本当にそうなのかもしれません。しかし、もしそれがこのカードの教訓であるなら、彼がそのように行動している図が示されているのではないでしょうか？　実のところ、私たちは新しい機会（感情的なものであれ、新しいプロジェクトであれ）を、何でもかんでも捕まえようとしない、ということを学ぶ必要があるのかもしれません。もし「お元気ですか？」と言われた場合、あなたはいつも「もう、すごく忙しいよ！」と答えてるような状態ではありませんか？ このカードは、新しいものすべてをつかみたくなる誘惑から自分を守るよう、注意を促してくれます。もちろん、これも１つの解釈に過ぎませんが。

カップの「３」「４」「５」は、興味深いつながり方をしています。喪失が進行していくのです。「３」では歓喜を表し、カップは高く掲げられています。このカードでは、３つのカップはひとまとめに立てられて、人物がそれを眺めています。「５」では、カップはひっくり返されてしまいます。

占託的意味

- 距離を置く、機会を顧みられていない、無視されている
- 誰かが質問者に好意を寄せているが、質問者自身は気付いていない
- 何か新しいことに挑戦するのに対し、躊躇している

逆位置

- ここでは、カップを手に取ることを強調している。それはリスクを伴うかもしれない
- 以前は無視した愛、あるいはチャンスに再び目を向ける

カップの5

Five of Cups

◆Theme
困難

◆Element
水

カップはおそらく、最も幸福に満ちたスートです。愛や家族の喜び、お祝いの絵柄が溢れています。しかし「困難」を表す「5」に至り、ほとんどの人が悲しみと喪失を象徴していると感じる絵を目にします。「カップの3」で高く掲げられた3個のカップは、「4」ではただじっと眺められ、ここでは倒れています。

愛を無視することによって、私たちは最大の喪失という危険を冒すのかもしれません。赤と緑の奇妙な液体が流れ出ているのは、錬金術の過程が失敗に終わったことを示しているのかもしれません。しかし大抵の場合、これらは悲しみ――何についての悲しみかは、はっきり説明することはできませんが――を象徴しています。

この人物は男性でしょうか？ それとも女性だと思いますか？ だからどうだというのでしょう？ 彼（または彼女）は、黒のマントにしっかりと身を包んで立ち、その様子は、悲しみ以外の感情を拒絶しているかのようです。このカードを喪のカードと見る人もいます。もし『13.死』や『ソードの9』などのカードと一緒に出てきたら、何らかの大きな喪失の可能性が示唆されます。しかし常にそうですが、安直に肉体の死を予言する前に熟考が必要です。人が直面する喪失のは、他にもたくさんあるのですから。

彼／彼女の背後には、2つのカップが立っていることに気付かれたでしょうか？ この2つは、まだ失われていない、あるいはこぼれていない事柄を意味している可能性があります。タロットの読み手は時折「振り返って、まだ残っている良きものを見つけ、拾い上げ、それから橋を渡って人生を続けてください」と言います。しかし、「4」の場合と同様、もしそれがこのカードが言わんとすることだとすれば、そのように絵に表されているはずです。私たちは時として、完全な悲しみを体験することが必要なのです。

占託的意味

- 喪失、悲しみ、後悔
- 終わった後でしかはっきりとは認識されない何か
- 悲しみに包まれ、まだ残されていることを顧みていない誰か

逆位置

- ここでは、2つのカップが立って残っていることを考慮することに価値があります
- 価値ある有用なことを認識する
- 喪失の後、引き続き人生を歩む

カップの6

Six of Cups

◆Theme
優位性、寛大さ

◆Element
水

一見すると、わかりやすい幸福なカードのように思えます。年上の子どもが年下の少女に花をあげています。「6」のテーマである「寛大さ」を、正に表したような絵柄です。水が溢れ出ていた「エース」のカードや、カップの中に魚がいる『カップのペイジ』以外では、これはカップに何かが実際入れられている唯一のカードです。花、そして家は、カップの中に満ちた感情を現実化することを表しています。

しかし、多くの人がこのカードにどこか奇妙なところ、悪意すらも見出しています。このカードは「6」のもう1つのテーマである「優位性」を表しています。というのは、左の子どもは、女の子を上から見下ろすように立っています(『カップの2』の対等な二人と比べてみてください)。そして、女の子がとても厚着であることに気付かれたでしょうか。見たところ温かそうな日であるにもかかわらず、彼女の手は大きなミトンで覆われています。このカードを『ソードの8』の縛られた女性ほどあからさまではないにせよ、同じくらい無力な状態の人物、と見る人もいます。

ほとんどの解釈では、このカードを郷愁／ノスタルジアと捉えます。幸せな子ども時代や、あるいは人間関係の始まりなど、少し前から続いている幸せを振り返っているのです。また郷愁は、欺瞞的――つまりは不愉快な歴史を、時として隠してしまうこともできる“ファンタジー”にもなり得ます。人によっては、このカードを否定／拒否と見ます。

2人の人物が着ている衣服、特に左の人物の服は、おとぎ話の衣装のようです。私たちはおとぎ話を甘美なお話と捉えがちですが、しかし、しばしばおとぎ話は「末永く幸せに暮らしましたとさ」に至る前に、暗く恐ろしい場所へと私たちを連れて行きます。

占託的意味

- ◆単純に幸福のカードと考えるか、暗い底流が存在するカードと考えるかによって、他のカードよりも多くの要素が混在する
- ◆最も一般的な意味は、昔、特に子ども時代への郷愁
- ◆受動性。他者にあなたの世話をみてもらう

逆位置

- ◆郷愁や受動性を拒否し、現在の状況に集中する
- ◆正直に子ども時代を見つめる、あるいは子ども時代の痛みを癒やす

カップの7

Seven of Cups

◆Theme
行動

◆Element
水

このカードの人物はこちらに背中を向けており、シルエットだけで描かれています。どうやら驚き、息を呑んでいる様子で、雲に現れた7つのカップを見つめてるようです。「エース」や、またさらに言うなら「4」と違って、彼に何かを差し出している手はありません。これらのカップはただ、彼の目前で宙に浮き上がっているだけです。不可思議なものがカップを満たしています。宝物、城、蛇や龍、栄誉のリース、身体から離れている美しい頭部と、神秘的なベールに覆われた人影。このすべては何を意味しているのでしょうか？　どうして月桂樹のリースと共に、頭部がカップの上に現れているのでしょうか？
「流れる感情」という「水」の性質は「7」のテーマである「行動」とは、相性が良くありません。ここでの行動は、現実から分離した、完全な想像の中で行われます。これらは、実際の状況と関連しているのかもしれませんし、観念と関連しているのかもしれません。キャロライン・ガスはこの7つの像を、7つの惑星天、つまり太陽、月、水星、金星、火星、木星、土星の領域の象徴と捉えています。しかし、彼はどうやってそれらを現実化するのでしょうか？（別の説では「7つの大罪」と関連づけられています）。

こういったことすべてが「7」を形成し、人々の“解決”したいという反応を引き起こすカードの1枚にしています。曰く「あなたは選択し、行動に移す必要があるでしょう」（受動的かつ感情的なカップのカードでは、このような反応を導く傾向があります）。しかし、時に“ファンタジー”こそが、人が必要としているものではないでしょうか。他の可能性がないか想像してみないことには、自分の人生に変化をもたらすことはできないのですから。

占託的意味

- ◆想像、空想、不思議なこと
- ◆受動性。空想を現実にするための行動を起こさない
- ◆もし行動のカードが続いている場合は、空想は大きな変化につながるかもしれない
- ◆あるいは、幻覚

逆位置

- ◆空想していることに対し、行動を起こす
- ◆多くの可能性の中から、選択を行う
- ◆自分の望みや夢を人に話す

カップの8

Eight of Cups

◆Theme
動き

◆Element
水

マントを着た人物が満月の下、丘を登って歩いていきます。『18.月』と関連の深い『9.隠者』を思い出す人もいるかもしれません（『18.月』のナンバー「18」は、足して一桁にすると、1＋8＝9、『9.隠者』のナンバーとなります）。『9.隠者』も似たような杖を持って、丘の上に立っています。『9.隠者』と同様、この人物もより高い真理を求めて、世俗の世界から去ろうとしているのでしょう。『カップの5』と違い、ここでは倒れたカップは1つもなく、何もこぼれてもいません。彼はただ、何かを手放して、次に向かう時が来たことを理解しているだけなのです。このカードは、ある人間関係を終わらせる、あるいは仕事を辞める、引っ越す、その他人生に何らかの変化を起こす必要を理解する時であることを、あなたに伝えている可能性があります。上の列に並んだカップに、隙間があるのに注意してください。彼は人生に欠けているものを見つけに行ったのかもしれません。

このカードは、やや穏やかな意味ではありますが、外向きの活動から離れて、孤独と内省に向かう時だということを示している場合もあります。それは長期的な変化であるとは限りません。タロット・リーディングが示すのは、今がどのような状態であるのか、そして急速に変化し得るものは何かということです。

月がどのように描かれているか、もう一度見てください。このカードは夜の場面というより、むしろ日蝕を表しているのかもしれません。これは、少なくとも当面は月が太陽の性質を引き受けていることを、象徴的に表しています。外の世界ではなく、自分の内面を見つめてください。問題を解決しようとするよりも、自分の直感の導きに任せてください。

占託的意味

◆何かから立ち去り、先へ進む時であることを認識する
◆厄災はない。ただ変化に対する内面的な気づきがあるだけ
◆(やや穏やかな意味で) 静かに内観する時である、あるいは場合によっては、通常の活動を超えて、高次の目的について考えるべき時であるということを意味する

逆位置

◆今は立ち去る時ではない(その代わり、状況の価値を認識し、あなたがそれをどのように改善できるのかを考えてください)
◆孤独に身をひそめた状態から戻り、他人や自分の周りの世界に大きく関わるべき時であることを意味している可能性

カップの9

Nine of Cups

◆Theme

集中、円熟

◆Element

水

豪勢な服を着た太った男性が、９つのカップが並んだテーブルの前にあるベンチに座っています。これらのカップは、彼の成功のトロフィーなのでしょうか？　彼を「８」からの旅人だと想像することもできるでしょう。上の列に欠けていたカップを探しに出て、今や彼は、人生は完全なものになった、という思いで戻ってきました。しかし、本当にそうなのでしょうか？　彼は自己満足に浸った浅薄な人物でしょうか？　彼は既に守りに入ったのでしょうか？　前腕の上に手を乗せて腕を組む彼の姿勢は、決してリラックスした姿勢ではありません（試してみてください）。

占いの伝統では（これは現代のタロティストによって復活したものですが）、『カップの９』は“ウィッシュ・カード”と呼ばれます。リーディングのどこかにこのカードが現れたら、質問者は、何であれ、望んでいるものを得るだろうと解釈されます。この解釈によって、このカードは、多くの人が待ち望むカードとなりました。ウェイトによるこのカードの逆位置の意味が、全般的な理解への手掛かりを与えてくれるでしょう。「真実、誠実、自由」と彼は言います。また加えて、「誤り、不完全」とも。それは、彼がこれまでの成功、トロフィー、そして快適な生活を捨てて、もっと深いなにかを探し求めることを示唆します。快適さを手放し、意義と強烈な体験を求める時、私たちはしばしば誤りを犯し、自分を馬鹿者だと物笑いにしたりするものです。

カーテンに注目する人もいます。このカーテンが隠しているのは秘密でしょうか？　挑戦でしょうか？　新しいチャンス、あるいは誘惑？　そして彼が新たな人生に賭けてみるとするなら、どんな誤りを犯す可能性があるでしょうか？

占託的意味

- 望みが叶う、成功、（おそらくは表層的な）満足
- 浅はかさ、うぬぼれ
- 喜び、（場合によっては）人生で欠けていた何かを見つける

逆位置

- ウェイトに従えば、真実と誠実の美徳による個人的満足
- 物質的財産からの「自由」
- （場合によっては）誤り、間違い
- 隠されていたことが明らかになる

カップの10

Ten of Cups

◆Theme	◆Element
超過／過剰	水

カップは多くの意味で、最も幸福に満ちたスートです。そして「過剰」なまでの「水」の特質が、約束が果たされた幸せな家庭のような、喜びに満ちたイメージを与えます。男性と女性は寄り添いあって立ち、２人で１人の人間を表しているかのように、手を挙げています（『20.審判』のように、男性が左、女性が右側に立っていることに注意してください）。彼らは、自分たちの精神的幸福、祝福の気持ちを表す、カッ

プを掲げた虹を見上げており、そのそばでは、子どもたちが心配も不安もなく、楽しそうに踊っています。

このカードは、4枚の「10」のカードのうち、最も大きな幸せを表したカードです。ワンドやソードと比べればもちろんのこと、多分ペンタクルと比べてもそうでしょう。『ペンタクルの10』の人物は、これよりはるかに裕福であるように見えます。いくつもの建物のある荘園領主の邸宅のような家に比べたら、このカードにはささやかな家が1つあるだけです。その屋根は情熱の赤色に塗られています。この2枚のカードに描かれた人物を見て、あなたはどちらになりたいと思いますか？

「9」のカードと比べることもできるでしょう。「10」でのカップと空の光景に比べると、「9」では、カップが成功のトロフィーのように並んでいます。「9」の商人は、この家族よりも裕福な様子ですが、彼は1人です。「7」では、違う人生について空想を廻らせました。「8」では、欠けているものを探しに出掛けました。「9」と「10」では、自分のために見出し、創造する2つの道が示されています。

占託的意味

- 幸福、（特に家族や人間関係における）充足感
- 物質的価値よりも精神的価値が上回る
- 結婚または子どもを望んでいるカップルにとっては、良い前兆

逆位置

- 自分の持っているものを、正当に評価することが困難
- 不満
- 何かがその人の幸福を脅かす、あるいは幸福に疑問を投げかけてくる可能性がある
- （もしかすると）お金の問題

「カップ」のためのリーディング

1 私が感情的になるのはどんな時？

2 自分の感情をどんなふうに他人に表現している？

3 自分の感情をどんなふうに隠している？

4 私の感情はどんなふうに発達してきた？

5 そして今、私の人生にどのように影響している？

6 愛をみつけ、育むためには？

ソード

Swords

ソードのエース

Ace of Swords

◆Theme

スートの純粋なエネルギー、ギフト

◆Element

風

雲から伸びる白い手が、両刃のソードを硬く握りしめています。このシンボルを安定して保っておくのは骨が折れる、とでもいうような、しっかりした握り方です。ソードのエレメント、風が示すのは、知性、そして曖昧《あいまい》さや混乱を切り開くことのできる明晰な思考です。しかし、このシンボルそのものは、大きな悲しみをもたらす可能性のある、正に武器であり、ソードの両刃はスート全体を切り裂きます。

おなじみの「ヨド」は、ここでは、黄金の光の滴の形を取っています。「ヨド」の滴は左右それぞれに3つずつ、たった6つが見られるだけです。それは『ワンドのエース』や『カップのエース』で溢れ出ていた様子とは違い、2つの“贈り物”のバランスを取ろうとしているかのようです。同様に、ソードの下を見るとはるか遠くに、幾分荒涼とした山の風景が見えます。これは知性が到達し得る偉大な高みを表すシンボルであり、また通常の人生から遠く離れていることも表します。

ウェイト版で、真っ直ぐ上を指している剣は、3本しかありません。『ソードのエース』『ソードのクイーン』そして『11.正義』のカードです。これらが意味するのは、自分が欲することや信じることではなく、真実に目を向け、そこに専念するということです。『11.正義』とのつながりが暗示しているのは、たとえ日常と対立したとしても、このギフトを正当に使うことの必要性でしょう。名誉の葉で飾られた王冠は、ほとんどの人が人生のゴールと考える、成功と尊敬を意味しているのかもしれません。ソードはそれを貫き、より高いレベルにまで達しています。純粋な知性は平凡なゴールを超えていく、とでもいうように。

占託的意味

- 明晰な思考、霊的真理と高次の価値観（たとえそれが悲しみをもたらし得るものだったとしても）
- 1つの目的に専念する
- あるいは、公正に行動する努力

逆位置

- 混乱、明確に思考することが困難、あるいはしばしば排他的にもなりがちな強い精神力と知性

ソードの2

Two of Swords

◆Theme
選択、バランス

◆Element
風

周りの色と同じ灰色のドレスを着た目隠しの女性が、肩でソードを保持し、池の前にある石のベンチに座っています。「バランス」というテーマは、ここでは暫定的で、不確かなものであるようです。思考を平静に保つには、周りの意見、特にコミュニケーションを遮断する必要がある、とでもいうようです。

ソードのスートには、一見似ているように思える目隠しされた女性が２人いますが、２人の間には大きな違いがあります。「８」の縛られた女性は、自分で目隠しを取ることはできませんが、この女性は、自分で意図的に目隠しをしたように思えます。というのは、自分がそうしたければ、彼女はソードを下に置いて、目隠しを取ることができるからです。彼女は他の人から離れて、自分の中に引き込もっている、と解釈することもできます。近づいてくる者は誰彼なく切りつけるため、刃を構えている彼女に、誰が近づいていく勇気を持てるでしょうか？　彼女のこのポーズは、傷つきやすい心臓と肺を覆い、閉ざしています。しかし、この姿勢を保つのは容易ではありません。ソードが重いからです。それゆえ彼女の重心は高くなり、もし何者かが近づくことができれば、彼女は背後に波立つ感情の海へと簡単に倒されてしまうでしょう。

しかし、違う見方はできないでしょうか？　ソードは、思考の純粋さを意味します。このカードを、瞑想やその他スピリチュアルな探求への専念と捉えることもできます。目隠しすることで、気を散らす邪魔な物事を締め出し、交差した腕とソードは集中を助けてくれます。彼女のナンバー「２」は、彼女を『2.女教皇』と結び付けます。

占託的意味

- 何かを見たくない、あるいは感情を閉ざしている人
- 人から離れ、独り引き込もる
- (特に『女教皇』か『隠者』が一緒に出てきたら）スピリチュアルな道へ向かう、または、ある課題に自分のすべてのエネルギーを注ぐ

逆位置

- 防御を解き、人と関わるようになる
- あるいは、スピリチュアルまたは現実的な目標に向ける集中力の欠如

ソードの3

Three of Swords

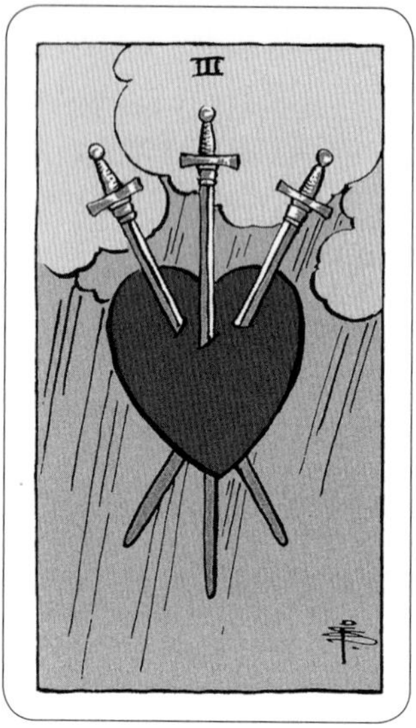

◆Theme

スートのエネルギーが開花する

◆Element

風

小アルカナの中でも最もシンプルで、最も直接的なカードの1つです。大地もなければ人もおらず、雨が斜めに降り注ぐ中、3本のソードに貫かれたハート（心臓の抽象的シンボル――実際の心臓はまったくこんな姿ではありません）が描かれているだけです。ソードの悲しみに満ちたエネルギーが「開花」すると、私たちに訪れるものがこれなのです。

誰も人物が描かれていないにもかかわらず、このカードを見たほとんどの人は、メッセージを受け取ります。失恋、傷心、悲しみ、嘆き。そして、多くのソードのカードと同様、ここにはさらなる何かがあります。この絵には、ある種のバランス、穏やかな受容性があります。３本のソードの柄の部分は、生命の樹の上部の三角形を形成しており、刃先は第７、第８、第９のセフィラの場所を示しています。第４と第５はハートの先端を形作り、第６のセフィラは、ハートを貫いている３つのソードが交差する中心にあります。第10のセフィラは欠けています。「10」、つまり物質世界または現象世界は、この絵の更に下にあります。悲しみは、それを引き起こした原因とはすでに切り離されており、純粋な状態で存在しているとでもいうようです。

生命の樹の第３のセフィラは、「理解」というタイトルを持ちます。そして、この絵がほのめかしているのは、正にこれなのです――自分の人生の悲しみを理解すること。それは特定の出来事に関する悲しみというだけでなく、おそらくは人生そのものの悲しみです。こういったことはすべて、この厳しい絵を見た人にとっては、何の慰めにもならないように思えます。しかし時として、私たちは痛みをハートで受け止めることにより、それを引き上げ、癒やしを見つけることができるのです。

占託的意味

- 悲哀、失恋／傷心、深い悲しみ
- 穏やかに受け入れることで、悲しみを乗り越え、癒やしを見つけることができる

逆位置

- 悲しみからの回復、痛みからの解放
- あるいは、苦しみを回避しようとする
- 拒否、または感情を閉ざす。どちらに向かうかは、リーディングと周りのカードによる

ソードの4

Four of Swords

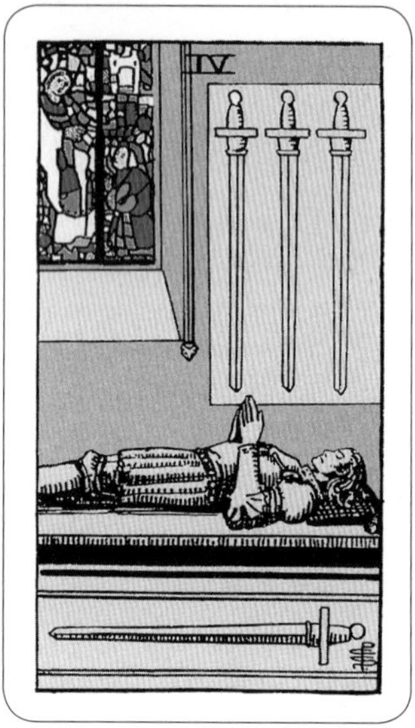

◆Theme
構造化

◆Element
風

教会に騎士が横たわっています。窓のステンドグラスには、キリストの前にひざまずいて祈っている人が描かれています。キリストの頭上の光輪には、ラテン語で「平和」を意味する“Pax”という語があります。３本のソードは壁に掛けられ、それぞれ騎士の頭（実際は第３の目、サイキック能力が開く場所）、喉（コミュニケーション）、太陽神経叢（深遠な知識）を指しています。これらのソードはパワフルなエネルギーセンターを活性化しているようであり、それほど恐ろしい感じはありません。４本目のソードは、騎士の下に横たえられています。

「風」に構造を与えるのは、「火」や「水」よりもさらに困難です。どうやって「風」を閉じこめておくことができるでしょう？　どうやって私たちの思考に、一定の形を与えることができるでしょうか？　騎士は、眠っているというより、むしろ深い瞑想状態で横たわっているのかもしれません。ひとたび眠りに入れば、手はカードに描かれているような位置に留まっていないからです。それゆえこのカードは、静かな心の平和、また癒やしを求めて、闘争や葛藤から撤退することを意味することがあります。またもっと単純なレベルでは、緊張の時期から休憩に入るということも言えるでしょう。

　もし、人々や世間との関わりからあまり離れすぎて引きこもってしまうと、孤立してしまいますし、手を差し伸べて引き戻してくれる誰かが必要となる可能性もあります。この謎に満ちた騎士は、自分では眼を覚ますことのできない「眠れる森の美女」や、純粋な騎士が癒やしに来るまでは昏睡状態で床についていた聖杯伝説の漁夫王《フィッシャーキング》を思い出す人もいるかもしれません。

占託的意味

- ◆休息、闘争／葛藤からの退却、心の平和
- ◆瞑想など、深い感覚を呼び覚ますために自己の内面へと意識を向ける霊的／精神的訓練
- ◆あるいは、孤立、または痛みを避けるために感情面を閉ざす

逆位置

- ◆活動に戻る
- ◆新たなエネルギー
- ◆（肉体面あるいは精神面での）癒やしの可能性

ソードの5

Five of Swords

◆Theme

困難

◆Element

風

「困難」というテーマは、ソードにはぴったり完璧に当てはまります。ここに見られるのは、鋭利な雲、波立つ海のある荒涼とした場面です。赤毛の男が赤色の服を着て――赤は火星の色であり、マルス（火星）とは、軍神の名前です――、３本のソードを持ち、勝利の薄笑いを浮かべながら、他の２人の人物を見下ろしています。地面にある２本のソードは、敗れて歩き去る２人の人物のものだと考えられるでしょう。

2人のうち、遠くの人は泣いているように見えますが、もう1人は、もっと平静な様子です。あまりに強い相手と戦っても価値がなかったと考え、剣を捨てて撤退しているかのように見えます。

このカードをどのように解釈するかは、ここでの主人公、この場面の“英雄《ヒーロー》”を誰と見るのかによります。スミスはおそらく、ウェイトの指示にある“名誉を傷つける破壊”などの過酷な状況を描こうとしたのでしょう。これは、私たちが、この場を立ち去っている人物の方に自分を重ねることが前提となります。自分の感じる恥辱と無力感から、赤毛の男が大きく立ちはだかって見えます。

しかし、自分がこの大きく描かれた人物であったらどうなるでしょう？　カードの意味は反転し、勝利のメッセージ、あるいは予告ともなるのでしょうか？　そうかもしれません。しかし、彼は一体どういう人物なのか、そして自分は本当に彼になりたいのかと、問いかけるのではないでしょうか？　葛藤や争い、特に訴訟に関するリーディングで、このカードが「正義」の逆位置と一緒に出てきたら、用心してください。

占託的意味

- ◆敗北、あるいは可能性としては、大義のない勝利
- ◆あるいは、勝てない戦いからは立ち去ることを選択する
- ◆波乱含みの状況、家族間での争い・口論の可能性

逆位置

- ◆憂慮すべき損失や敗北を乗り越える
- ◆新たな始まり
- ◆あるいは、コミュニケーションが敵意に取って代わる

ソードの6

Six of Swords

◆Theme
優位性、寛大さ

◆Element
風

パメラ・コールマン・スミスの絵は、“公式の”意味から逸脱していくことがあります。このカードはその代表です。ウェイトはこれを「船の旅」と言っています。確かにこれは、船で旅している絵です。しかしこの絵は、謎を呼び起こします。この人物たち（渡し守とその乗客）は、誰なのでしょう？　家族でしょうか？　この布にすっぽり覆われた人物が女性だとするなら、なぜ彼女はこのように背中を丸めて座り、子どもは母にぐっと身体を押しつけているのでしょう？　この種類の船はパント船と呼ばれ、渡し守が川向こうに乗客を運ぶために使われていました。最も有名な渡し守は、ギリシャ神話のカロンです。カロンは死者の魂を生者の世界から死者の地へ運ぶ神であり、しばしば黒い櫂を持ってステュクス河を渡る姿で描かれます。この布に覆われた女性から、このカードを恐ろしい死の前兆と見るべきでしょうか？

このカードの伝統的な意味には、それは見当たりません。その代わり、（もし彼女の感情が死に絶えているわけではないとすれば）彼女の心は鎮まっており、頭を上げようとも、マントを脱ぎ捨てようとも、彼女はするつもりがないのだ、と捉えることができます。このカードには沈黙の空気があります。この中の誰も話そうとはしません。そうする代わりに、ただ旅を続けるのです。

そして、ソード。これらのソードは、この人たちが抱えている痛みや、悲しい思い出を象徴しているのでしょうか？

ウェイトは、これらのソードはそれほど重くないように見える、と指摘します。しかし、これらは人よりももっと目立って、船の先頭に乗っています。

占託的意味

- 単純な占いの可能性として、ウェイトの言う「船の旅」
- より微妙な見方では、人生に痛みや苦労を抱えた人々、特に家族が、他者と共有しない沈黙、隠された物事

逆位置

- はっきりと率直に話す、家族の秘密を明かす
- 長年続いた状況に混乱がもたらされる
- 葛藤や心配を引き起こすかもしれないが、最終的には（特に過去からの）自由へとつながる

ソードの7

Seven of Swords

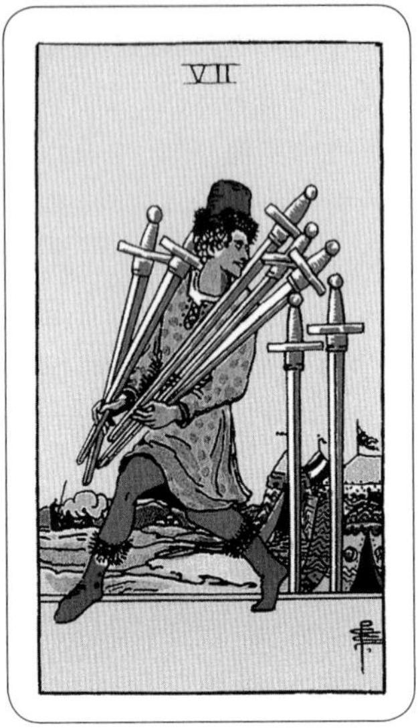

◆Theme

行動

◆Element

風

近年、このカードはある非常に具体的な意味を持つに至りました。“不倫”です。この人物が爪先立ちで、こっそり歩いていく様子からもそれを思わせますし、また自分に対するとても満足気な様子からもそれが伺えます。あるいは、男根を思わせる剣をこっそり奪い去っているのは、恋人の夫の力を秘密裏に奪っているかのようです。自動的に1つのことだけを意味するカードはありませんし、それがこの例のようにはっきりとした限定的なものであればなおさらです。しかし、もしこの「7」のカードが出てきたら、この特定の「行動」を、心の片隅に置いておいてもいいでしょう。他のカードや状況から、この解釈ができる場合もあるからです。

もっと一般的には、自分に満足して単独で行動する人物、という意味に捉えられます。このカードは巧妙さ、賢さ、頭脳の働きなどを伝えてきますが、大きな成功には至らないと考えられます。なぜなら、ここには計画性があるようには見えないからです。彼は5本のソードを盗み去っていますが、2本は残しています。また彼は、誰にも実害はもたらしていません。カードの左下のあたりに、何人か少数の人影がありますが、彼には見向きもしていません。彼らがテントに戻ってきて、一体自分たちのソードに何が起こったのだろう、と頭を掻いているのが想像できます。

このカードは、ソードの中でも最もアクティブなカードに思えます。同時に、最も精神的でもあります。オカルティズムの伝統では、黄色は知性の働きを意味しているからです。一方で、赤いブーツと帽子は、わくわくする感覚や情熱を表しています。

占託的意味

- 巧妙さ、賢さ、刺激的ではあるが、長期的な解決策にはつながらないかもしれない計画
- （特に単独での）衝動的な行為
- あるいは、不倫

逆位置

- 行動を起こす前に、進んで誰かに相談する
- アドバイスを得る、注意喚起
- 何か行う前に、もう一度よく考える
- 誘惑に抵抗する。あるいは、不倫関係の終わり

ソードの8

Eight of Swords

◆Theme

動き

◆Element

風

ここには、“もう一人の”目隠しされた女性がいます。『ソードの２』の女性が、自ら目隠しすることを選んだ様子であるのに対し、この女性は自分では、こんなふうに自分を縛ることはできなかったでしょう。彼女はどちらかというと被害者であるように見えます。裁判所にある彫像とは違い、タロットの『11.正義』の人物は目隠しをしていない、ということを思い出す人もいるでしょう。翻って、『ソードの８』の人物は、何か不正に苦しんでいるようにも思えます。彼女は、縛られて無力にされているという、正に女性が受ける抑圧そのものを表しているように見えます。権威の象徴である石の城が、彼女の背後にそびえ立っています。男根のようなソードが彼女を取り囲んでいるようです。この女性が立っているのは泥地であり、これは恥辱を表したイメージです。「動き」というテーマは、反転し、無力へと転じました。

しかし、気がつかれたでしょうか。城から来て彼女を見張っている人は、誰もいません。ソードは彼女の行く手を実際に塞いでいるわけではなく、水も彼女を止めるようなものではありません。最も重要なことは、ロープは彼女の脚をまったく縛っていないということです。彼女を本当に止めている物は、目隠しです。精神的な混乱、特に誰かから押し付けられた精神的混乱です。あなたは無力である、という考えを受け入れてしまっているのです。さらに別の見方をすることもできます。私たちは、何枚かの両刃を描いたソードのカードが、より深遠で、秘教的な意味を暗示しているのを見てきました。アンバーストーン夫妻によると、彼女の身体にロープを巻いているその巻き数は、フリーメイソンの参入儀式《イニシエーション》での作法と一致します。彼女は内的な啓示を求めて探求を行っており、この無力な状態も自主的なものであるのかもしれません。

占託的意味

- 無力感、混乱、閉塞感、抑圧
- あなたが無力なのだ、と納得させるような操作
- あるいは、意識を内側へ向けるための、何らかの集中的な霊的／精神的訓練

逆位置

- 自分が考えていたよりずっと多くの可能性を持っていることを発見する
- 明晰さ、全体像を見る
- 厳しい状況から自分を解放するための最初のステップ

ソードの9

Nine of Swords

◆Theme

集中、熟練

◆Element

風

ウェイト版の中でも、厳しい試練を表すイメージの1つです。このカードには、ベッドに座り、嘆いているかのように手で顔を覆っている人（ほとんどの人は女性だと考えます）が描かれています。あるいは、不安、心配、不眠など、真夜中にあなたを目覚めさせるようなあらゆる事柄を意味します。

背景が完全に真っ黒なのは、デッキの中でも2枚だけ、このカードと『15.悪魔』のみです。しかし、『15.悪魔』や、そこに描かれた笑顔を浮かべた悪魔の恋人たちに比べると、このカードの方がずっとリアルです。これを「魂の闇夜」だと見る人もいます。このイメージは「9」の「集中」というテーマに、ぴったりはまります。ベッドに施された奇妙な彫刻にも注意してください。これは1人の男がもう1人に攻撃を仕掛けている、または殺そうとさえしている絵に見えます。

ここで強調されていることは、すべてネガティブなのでしょうか？　鮮やかなベッドのキルトを見て下さい。この絵の中で最もカラフルな部分です。情熱のバラと十二星座の記号が交互に配され、あたかも宇宙そのものが、彼女を慰めようとしているかのようです。おそらく彼女は、目を覚まし、何らかの困難に対峙する「必要」があるのでしょう（たとえ、今は両手で顔を覆っているために、その問題を本当に見つめようとはしていないとしても）。

ソードは、完璧な規則性で並んでいます。これは「4」以来ありませんでした。これらのソードは梯子《はしご》に似ています。それゆえおそらく、絶望の淵から這い上ることができるでしょう。たとえ真実を直視することによって、切り傷だらけになったとしても。

占託的意味

- 悲しみ、心配、憂鬱、真夜中に目覚めさせるような物事（夢や悪い知らせも含めて）
- もう少し軽い意味では、不眠症

逆位置

- 回復の始まり
- 特に、難しい現実に対峙し、低い地点から抜け出す

ソードの10

Ten of Swords

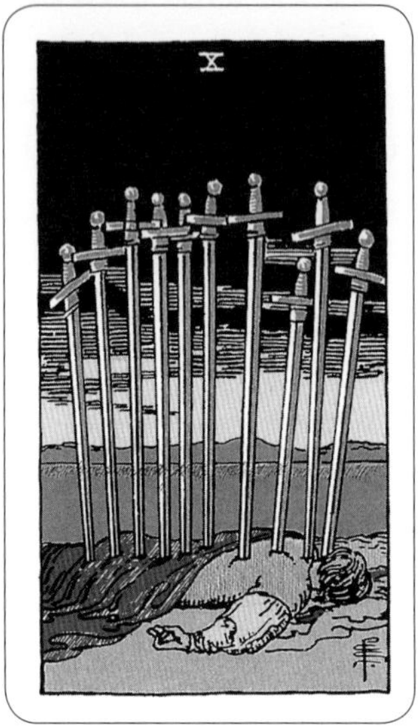

◆Theme
超過／過剰

◆Element
風

「９」が激しい苦悶を表していたのに対し、「10」はまさに「超過／過剰」のテーマを描き出す、徹底して身の毛もよだつ状態になりました。ともかく、誰かを殺すには、１本のソードだけで十分です。このカードが意味しているのは、暴力、あるいは恐ろしい殺人でしょうか？　私には、これは自己憐憫やヒステリーといった精神状態を誇張して表したものに思えます。スピリチュアルな真理を貫いていた「エース」の集中力は、散乱状態となりました。
「10」と「９」を比べてみましょう。「９」では、ソードは一定に揃って並んでいましたが、ここでは、剣の長さはバラバラで、物によっては雑に作られており、柄の部分が変な角度で付いています。さらに重要なのは、「９」での完全な闇が、ここでは一部晴れてきており、穏やかな湖（「２」や「５」の波立つ海と比べてみてください）と共に黄金の光が見えています。エレン・ゴールドバーグは、このカードを文字通りの「黄金の夜明け」と説明しています。

今まで、いくつかのソードのカード（たとえば、「２」）で、秘教的あるいはスピリチュアルな解釈の可能性を見てきました。人物の手を見てください。その指は『5.教皇』に見られたのと同じ、祝福の形をしています。これを「人々が自分の道を見つけることができるよう、宗教的権威や正当性を覆す」と捉えることもできるかもしれません。他の見解では、“エゴを殺す”として知られる瞑想の実践という見方もあります。

医療や病気についてのリーディングでこのカードが出てきたら、それは背中に問題があることを意味している可能性もあります。また鍼灸によって痛みや苦痛が和らぐという可能性もあります。最後になりますが、『15.悪魔』と一緒に出てきたら、薬物中毒を示唆している場合があります。

占託的意味

- 極端な精神状態、しかし不安や悩みが誇張されている可能性もある
- エゴを克服するために集中的に瞑想を行う
- （場合によっては）宗教的権威を拒絶する
- 医療に関することでは、背中に関する問題。またあるいは、鍼灸
- サポートカードがあれば、中毒

逆位置

- （ソードが文字通り、抜け落ちるような）苦しみからの救済
- ウェイトは、あらゆる“利益”は“恒久的ではない”と説明している。つまり、この人物は本当の変化を起こす必要がある
- 物理的な痛みがなくなる、あるいは和らぐ

「ソード」のためのリーディング

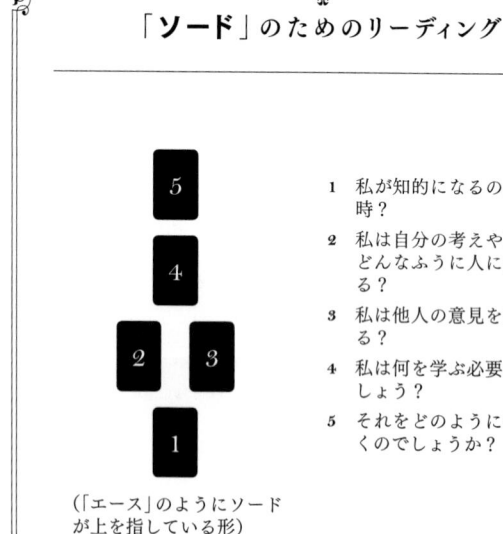

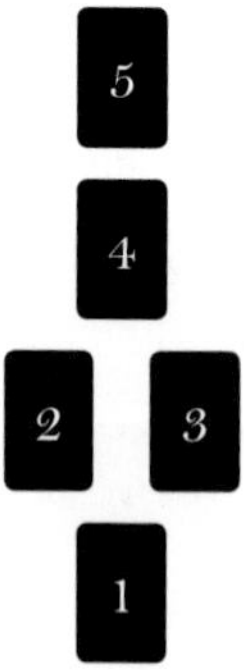

（「エース」のようにソードが上を指している形）

1 私が知的になるのはどんな時？

2 私は自分の考えや思考を、どんなふうに人に伝えている？

3 私は他人の意見を聞いている？

4 私は何を学ぶ必要があるでしょう？

5 それをどのように学んでいくのでしょうか？

ペンタクル

Pentacles

ペンタクルのエース

Ace of Pentacles

◆Theme

スートの純粋なエネルギー、ギフト

◆Element

地

ここでも、雲から手が伸びています。差し出されたペンタクルは、手のひらの曲線の中に優雅に支えられています。今回は「ヨド」は周りに舞い落ちていませんが（他の「エース」のカードを見てください）、手が光に輝いています。ペンタクルで、私たちは物質世界、地のエレメントに入っていきます。それゆえ、神の恵みや神秘の象徴は、何も現れてこないのです。

ここでは、贈り物は非常に現実的です。庭、花、文明化された穏やかな自然です。このスートのカードで表されているのは、多くは仕事、あるいはお金に関する事柄です。考えてみれば、元々のシンボルはコインだったわけですから。しかし、ここには安息の地を見出すことができます。“paradise（楽園）”という語は、ペルシア語の“paradeiza（塀に囲まれた庭園）”、つまりは美の聖域が語源であることを思い出す人もいるでしょう。そしてペンタクルは、天国・植物・人体の魔術的融合を象徴しています。

緑のフェンスには開口部があり、絵の後方へと道が続いています。遠くには山が見えます。高次の真理の象徴『9.隠者』の住むところです。『21.世界』のダンサーの周りにあるリースを思わせるフェンスの開口部には、私たちを内側に閉じ込め、ペンタクルの贈り物による喜び以上のものを追求することから私たちを阻むような、閉ざされた門は存在しません。炎の剣で帰り道が塞がれている「エデンの園」とは違い、この聖域はいつでも開かれています。

占託的意味

- 自然の恵み、聖域、穏やかで平和な場所
- 豊かさ、あるいは（特に必要な時の）お金または仕事

逆位置

- お金や安全に関する問題を表している可能性、特にこれらの問題を巡る周囲の人との争い
- 何か新しいことに挑戦するために、安全で快適な場所から去る
- スピリチュアルな探求の道を進み始める

ペンタクルの2

Two of Pentacles

◆Theme
選択、バランス

◆Element
地

一見して、デッキ全体の中でも比較的“軽い”意味合いのカードの1枚であるように思えます。ピエロのような、奇妙な円錐形の帽子をかぶった若い男が、無限大記号の形のリボンの中にある、2つのペンタクルをジャグリングしながら(バランスを取りながら)踊っています。彼の背後には、マンガのような波の上を船が上がったり下がったりしています。彼が踊る様子は『0.愚者』を示唆する一方、“レムニスケート

(∞) ”のリボンは『1.魔術師』を連想させます。他にも、特に「5」と「10」におけるペンタクルの配置に、日常生活に潜む魔法や神秘の暗示を見ることができるでしょう。

問題は、彼は本当に楽しんでいるのか、です。このカードが出たら、質問者にこの人物について(特に彼の顔を見て)、どのように感じるか質問してみるといいでしょう。パメラ・スミスの描き方は周知のとおりとても曖昧です。それゆえ、ジャグリングに注目する人もいれば、彼が何か取り落とさないかと心配する人もいるでしょう。もう1つ疑問があります。彼はこれをただ独りでやっているのでしょうか？　あるいは観衆の前でしょうか？

ペンタクルは仕事とお金に関連しています。「2」のテーマが「選択とバランス」であることから、私たちの多くが常に、仕事やキャリアと、人生の他の側面との間のバランスをとり、ジャグリングしていることを、思い出すのではないでしょうか。バランスをとる必要があるのは、お金が限られているから、また、片方だけを選びたくないからかもしれません。問題は、どれだけを自分のために行い、どれだけを他人のために行うのかということ、また、それを優雅にこなすのか、不安に駆られながら行うのか、ということです。そしておそらく、自分がいつでも自由にそれをやめてもいいと感じられることも重要でしょう。

占託的意味

◆仕事と、金銭面での厳しい状況の狭間でジャグリングしている
◆人間関係における責任と楽しみのバランスを取ろうとしている
◆または日常生活における魔法。解釈は、彼を呑気と見るか、不安と見るかによって変わる

逆位置

◆ジャグリングが終わる可能性。それは意図的に終えるのかもしれないし、何かを取り落とすことで終わるのかもしれない
◆間違いを犯す、キャリアと私生活とのバランスを取ることの困難

ペンタクルの3

Three of Pentacles

◆Theme

スートのエネルギーが開花する

◆Element

地

彫刻家が薄暗い教会で働いており、一方で教会の設計図を持った僧と主任建築家が議論しているようです。興味深いことに、人物だけが色彩に溢れており、建築そのものは強調されていません。ここで大切なのは仕事そのものであって、最終的な完成品ではありません。「3」のテーマである「開花するエネルギー」をペンタクルに当てはめると、熟達と創造性、そして協調というアイデアが得られます。現実性（建築家）と精神性／霊性（僧）は、創造性のために働き、すべては最高のレベルで運営されています。

ペンタクルは、ここでは教会の壁のアーチにあります。これらは実用的な目的を果たしていると同時に、生命の樹の一番上の３点を形成しています。これは最高の真理に向かって上に広がる三角形です。この建築はさらに、この三角形とバランスを取るため、その下にも三角形を求めます。下の三角形にはバラが彫られています。「上の如く、下も然り」それらをつなげるものです。

教会にいるこの３人の人を見て、『5.教皇』とその２人の弟子や、１人の人物が他の２人の上に立っている他のカードを思い出す人もいるかもしれません。ここでは、彫刻家だけが微妙に高い位置に立っていますが、それは自分の仕事をするためです。ヒエラルキーや服従よりも、協力ということです。キャリアに関するリーディングでこのカードが出てきたら、それは、最高レベルで仕事を追求するよう促しています。またパートナーシップや、ある種のグループでの仕事を意味している場合もあります。

占託的意味

- 仕事に関する熟達、芸術性、協力
- 自分の最高のレベルで働く、活動する
- 自分のしていることに対する満足感、仕事や日常生活にスピリチュアルな意味を見いだす

逆位置

- 仕事やその他、日常生活の月並みな平凡さ
- 協力の欠如、あるいは、あなたがベストを尽くすことができないような仕事や状況から、立ち去る必要性

ペンタクルの4

Four of Pentacles

◆Theme
構造化

◆Element
地

王冠を頂いた人物が、街を背にして、シンプルな石のベンチに座っています。ペンタクルは彼を取り囲んでおり、両足の下にそれぞれ１枚ずつ、頭上に１枚、そしてもう１枚、両腕でしっかりと胸の前に抱えられています。

ペンタクルは大地の確かさ、お金の実用性といった、「構造」と相性の良い事柄を表しますが、“慈悲”というテーマには逆らう面があります。多くの人はこの人物を、自分のお金をしっかりと抱え込んだ守銭奴であると見ます。あるいは、魔法の力を与えられて、触れたものは何でも黄金に変えることができるが、それは本当に大事なものをすべて破壊するだけだった、というミダス王になぞらえる人もいます。このカードの人物は、誰かが街からこっそりやって来て、彼のペンタクルを盗んでいくかもしれない、とでもいうように、自分のペンタクル／コインにしがみついているようです（このカードが『ソードの７』と一緒に出てきたら、注意してください)。

一方で、彼の周りには、富が積み上がっているわけではありません。「構造」ということを考えるなら、彼は自分の人生を構築するために、自分の所有物(そしておそらくは仕事)を駆使しているのだ、と言えるかもしれません。しかし、そもそも４枚のペンタクルは、彼を世界から分離しています。足の下にペンタクルがあるせいで、彼は地面に触れることができません。頭上のペンタクルは、頭頂（“王冠のチャクラ”と呼ばれます）をスピリチュアルなエネルギーからブロックし、抱えているペンタクルは、ハート、肺、太陽神経叢を閉ざしています。

それでもなお、私たちは自分自身の人生から、完全に自分を遮断することだけはできません。彼の背中はどこに向けられているでしょう？

占託的意味

- 自分の所有物にしがみつく、自分の人生を構築するため、また感情的に他人を締め出すために、自分の所有物を使う
- 貪欲の結果としての緊張

逆位置

- 自分の所有物を手放す（他人に解放する、あるいは、新しい経験に向けて手放す）
- 日常生活が地に足を着いていない
- 自分の最も大切なものを守るように、という警告

ペンタクルの5

Five of Pentacles

◆Theme
困難

◆Element
地

「困難」というテーマが地のエレメントに入り、タロットの中で、最も容赦なく恐ろしい絵の1つになりました。裸足の女性と、包帯を巻き松葉杖をついた男性は、両方ともボロボロに裂けた服を着て、ステンドグラスの窓がある教会と思われる建物の前を吹雪の中、横切っています。教会は、貧しい人や病める人々のための聖域となるはずの場所ですが、この絵にはドアらしきものは見当たりません。

この絵を、金持ちに対する批判の絵と見る人もいる一方、この人たち自身の心理状態に注目する人もいます。自分の苦しみにあまりに目が行き過ぎて、避難場所に気付いていないということです。しかし、この男性をよく見てください。首からベルがぶら下がっているのがわかるでしょうか？　中世には、ハンセン病（らい病）を患っている人は、このようなベルを着けさせられていました。感染を恐れる人々が距離を置くためにです。言い換えれば、この人たちは社会から拒絶された、真に見捨てられた人々《アウトカースト》なのです。

しかし、彼らにはお互い同志の存在があります。彼らの忠義心や相互扶助を、上からあれこれ言ったり、コントロールしたりする第３の人物はいません。このカードは時として、苦しみによってつながっている人間関係を意味することがあります。

５つのペンタクルは､生命の樹の上半分を形成しています。「５」は、樹全体が見渡せる「10」の半分であり、これは理にかなっています。しかし、下半分がない状態では､「上」と「下」は、切り離されてしまう危険性があります。

占託的意味

- 経済的または肉体的な苦難。しかし同時に、忠誠心と相互扶助がある
- 自分の痛みに浸かり過ぎて、他の可能性が見えていないかもしれない
- （場合によっては）社会のルールや構造の外で生きている人

逆位置

- 苦しみからの解放、回復、あるいは他人や社会からの援助
- カードを上下ひっくり返すと、窓がドアに変わったように見える
- 良い時が来ることで、人間関係にひずみを生じる可能性

ペンタクルの6

Six of Pentacles

◆Theme
優位性、寛大さ

◆Element
地

「寛大さ」と「優位性」という２つのテーマは、この施しの図に、完璧に表現されているように思えます。ウェイトが「商人を装った」と表現する男性が、１人の物乞いにコインを渡し、もう１人が彼の番を待っています。この２人の物乞いは、「５」の苦しみの中にいた２人組であり、慈善事業家を見つけたという、ある種のハッピーエンドとして見る人もいます。

このカードは小アルカナの中でも、最も重層的な示唆に富むイメージを持つカードの１枚です。この人たちは、本当にひざまずいて物乞いをしなければならないのでしょうか？

中央の人物が、どれほど慎重にコインを量り分けているか、注意して見てください。それはまるで、自分が与えることができる分だけを与えようとしているかのようです。これは本当に、“寛大さ（気前の良さ）”を表した絵なのでしょうか？

しかし、「商人を装った」とは、好奇心をそそられる表現です。この奇妙な表現、それから彼の左手の天秤（大アルカナ『11.正義』を思い起こさせます）に注意してください。エディス・カッツはかつて、“guise（身なり、装い）”を、“disguise（変装、偽装）”と解釈し、『11.正義』が人間の代理人を通して、この世界で活動していると説明しました。

時として私たちは、友人であれ家族であれ、また人生そのものに対してであれ、ひざまずいて助けを乞う必要があるのかもしれません。そして、そうしようとしなければ、何も起こりえないのです。必要とされる行動は、文字どおり“人に頼む”ことだけではなく、むしろ最初の一歩を進めること、あるいは、他の人があなたを助けることができるようにすることでしょう（私はこれを「受け取ることができるポジションに自らを置く」と言っています）。そして、その時に必要なものを得て、それ以上を得ることはないでしょう。

占託的意味

- ◆慈善事業、助けを必要としている人に手を差し伸べる。金銭だけではなく、感情的、実際的な援助である可能性もある
- ◆進んで助けを求める、または援助が自分の方へ来るような行動を起こす

逆位置

- ◆慈善行為を求める代わりに、自分で自分を助ける
- ◆あるいは、量ったり制限したりしない寛容さ、気前の良さ
- ◆対等な関係で互いに助け合う

ペンタクルの7

Seven of Pentacles

◆Theme
行動

◆Element
地

一見すると単純な絵ですが、これは絵の人物をどのように見るかによって、解釈が変わるカードの１つです。彼は満足しているのでしょうか？　苛立っているのでしょうか？　十分な仕事の後、休憩を取っているのでしょうか？　まだしなければならない仕事のことを心配しているのでしょうか？

ウェイト版が、これほどまでに際限のないオープンさを持つ理由の１つは、パメラ・スミスの絵の曖昧さにあります。

それゆえ、質問者がこの場面をどう見るか、特に、茂みの上のペンタクルを眺めている男性の態度はどのようなものであるのか、質問者に尋ねることを躊躇《ちゅうちょ》しないでください。ペンタクルが意味するのは、大地へのグラウンディングです。それゆえ「行動」というテーマは、休息に取って代わります(『ペンタクルのナイト』と比べてみてください。これは「ナイト」の中で唯一、馬が動いていないカードです)。あるいは、休息というより行動、特に仕事（既に終えたものか、これから来るものか、いずれであるにしても）について、沈思しているのかもしれません。あなたがプロジェクトとプロジェクトの合間にあるとき、このカードが出てくる可能性があります。

彼は、半分土に埋まっている鍬《すき》かショベルか、ともかく何らかの園芸用具と思われるものに寄りかかっています。これが示唆しているのは、仕事が人生の中心となっている人です。知恵の杖に寄りかかった『9.隠者』や、高次の何かを求め、自分の人生から歩き去った『カップの８』の人物と、このカードの人物を比べてみましょう。彼は、ここに留まって仕事をすることに、満足を覚えているように見えます。あるいは彼は、密かに去っていくことを切望しているのかもしれません。これはすべて、私たちがこの人物をどのように見るかによります。

占託的意味

- 仕事の手を休めて休憩する、しかし次に何が来るか、黙ってあれこれ考えている
- 満足感？　フラストレーション？　不安？　それとも平安？ この絵をどのように見るかによって、どの解釈も可能

逆位置

- 作業の再開
- 次の段階、または新しいプロジェクト
- 質問の内容と他のカードによっては、プロジェクトまたは仕事を去って、何か別のことを追求するために動く可能性

ペンタクルの8

Eight of Pentacles

◆Theme
動き

◆Element
地

赤毛の巻き毛に赤いタイツを穿いて、石工のエプロンと思しきものを着た若い男性が、静かにベンチに座り、1つひとつ、ディスクにペンタクルを彫っています。壁に掛けられたペンタクルをよく見ると、1つひとつがそれぞれ少しずつ異なっているのに気付かれるでしょう。これを、（機械仕事に対する）職人仕事を象徴している絵と捉えることもできますし、仕事を学んでいる見習いと見ることもできるでしょう。

彼を「ペンタクルの３」の熟練彫刻家と比べてもいいかもしれません。

いずれの場合も「動き」というテーマは、仕事を土台としています。つまり、新しいペンタクルは１枚１枚、彼を先へと進めてくれますが、それは最終目標へではなく（ここにはノルマの感覚も、また「７」の人物にしばしば指摘される、苛立ちもありません）、自分のしていることに、ただ満足している状態です。

街が遠くに見えます。１本の道が、街の城門からこの彫刻家の工房へ伸びてきているようです。しかし、彼の傍らには誰もいません。また、彼は自分のペンタクルが売れるかどうかも気にしていないようです。彼は、ただ仕事を続けることに満足しているように思えます。

生命の樹の８番目のポジションは、知性の神マーキュリーと関連付けられることがあります。マーキュリーは、素早く、変化しやすい性質を持ちますが、ペンタクルの領域では、知性は安定し、集中力があり、その仕事に献身的に打ち込みます。

占託的意味

- ◆（特に仕事の状況での）安定性
- ◆満足感、献身、ゆっくりとした着実な進展
- ◆結果について心配することなく楽しむことができる仕事や、その他の活動をするチャンス

逆位置

- ◆状況に対するフラストレーション、または不満
- ◆長期的な計画を作成する必要がある可能性
- ◆人生における重要な側面で、より高いレベルへと移行する。これは仕事だけでなく、人間関係や家族関係にも当てはまる

ペンタクルの9

Nine of Pentacles

◆Theme

集中、熟練

◆Element

地

ペンタクルのスートは、成功、崩壊、回復の物語のあらましを描き出しています。「エース」から「4」までの初期の成功は、「5」で崩壊します。「6」で援助が現れて、「7」ではこれまでの多大な労働の結果と、またおそらくはこれからしなければならないことすべてを、熟考します。「8」では献身が描かれていました。そして、「9」では、人生に望むことを成し遂げて得られる満足感が示されています。これがペンタクルの「集中」であり、すべての努力の結果です。「超過／過剰」の「10」では、価値に疑問を投げかけることになりますが、ここで私たちが見ているのは満足感です。彼女は、シンプルな花――この花は、愛を支配する惑星ヴィーナス（金星）、女性を表すシンボルの形です――が描かれたローブを身に着けています。彼女は１人で立っていますが、ペンタクルに手を置いているしぐさにも、あるいは鷹を見つめて、穏やかに頭を傾けている様子にも、愛が存在します。豊穣と幸福のシンボルであるブドウも成長しています。肥沃な生命の象徴であり、また安定性と安心を象徴するカタツムリが、絵の下の方を横切っています。飛んで行ってしまわないよう、頭巾をかぶせられ、訓練された鷹は、自己統制／自制心を象徴しています。しかしこれは、歯を食いしばって自分に何かを強制するという種類のものではなく、進んで完全に専念するという意味での訓練と専念です。

　彼女は１人で立っています。おそらく、人間関係も含め、犠牲にしなければならないこともあったでしょう。彼女のナンバーは、『9.隠者』を思い起こさせます。しかし、彼女は人生および今までしてきた努力のすべてを、愛しているようです。

占託的意味

- 自己統制、達成、自分が人生で為してきたこと、あるいは自分のキャリアへの満足感
- プロジェクトの完成という可能性も

逆位置

- 自制心を欠く、あるいは自己に対する低い評価がある可能性も
- より可能性が高いのは、長期的なゴールに向けて進み続けるか、他の人と楽しむ時間を持つために、休憩を取るかの選択

ペンタクルの10

Ten of Pentacles

◆Theme

超過／過剰

◆Element

地

街か、複合建築物を表していると思われるアーチの中に、家族が立っています。アーチの内側では、すべてが整然と、秩序立って存在していますが、どこか堅さもあります。特に『カップの10』で楽しく祝っている人々と比較すると、そう思えるでしょう。女性は、建物を眺める男性を肩越しに見ています。男性の左手には、先端にクリスタルのついた黒のポールが握られており、それは『7.戦車』、あるいは『1.魔術師』

すらも連想させます。右側には、子どもが１人で立つのを怖がるかのように、女性と犬のしっぽにしがみついています。

一方で、アーチのすぐ外側には、謎めいた白髪の男性が座っています。２匹の犬以外に、この男性を見ている人はいません。彼は、シンボルに満ちたパッチワークのローブを着ており、まるで存在の謎を背負っているかのようです。

ペンタクルにおける「超過／過剰」は、富と安心／安全を意味することがありますが、それは人間同士のリアルな感情的つながりを犠牲にして、あるいは世界の驚異に対する感覚を失うことと引き換えに、獲得されるものかもしれません。

デッキ全体を通して、生命の樹を示唆しているイメージを持つカードを見てきました。『2.女教皇』の背景にもその一部が見られましたし、『ペンタクルの５』では、生命の樹の上半分がありました。『ペンタクルの10』は、生命の樹が完全な形で見られる唯一のカードです。しかしいまだ、絵の他の部分から分離したままです。人物がペンタクルに触れていた「９」、または人物がペンタクルを作製していた「８」と比べてください。再び、物質的豊かさと、その根底にあるスピリチュアルな真理との間に、分離があることがわかるでしょう。

占託的意味

- 富、安心／安全、しかし非常に退屈で、窮屈な生活を意味することも
- 質問者は、何か重要なことを見逃しているかもしれない
- 占いの伝統では、このカードは“相続”を意味すると考える

逆位置

- 人生のより深い意味、あるいはより広範囲な現実を発見する
- 家族間のコミュニケーションが増える
- 冒険とスリルのために、安全と安心を放棄する
- （場合によっては）相続をめぐる問題あるいは遅延

「**ペンタクル**」のためのリーディング

1　私の本当の仕事とは何？
2　その助けになるものは何？
3　私を押し留めるものは何ですか？
4　自分の仕事をなすためには、つまり何が必要？
5　今起こす行動べき行動は何？

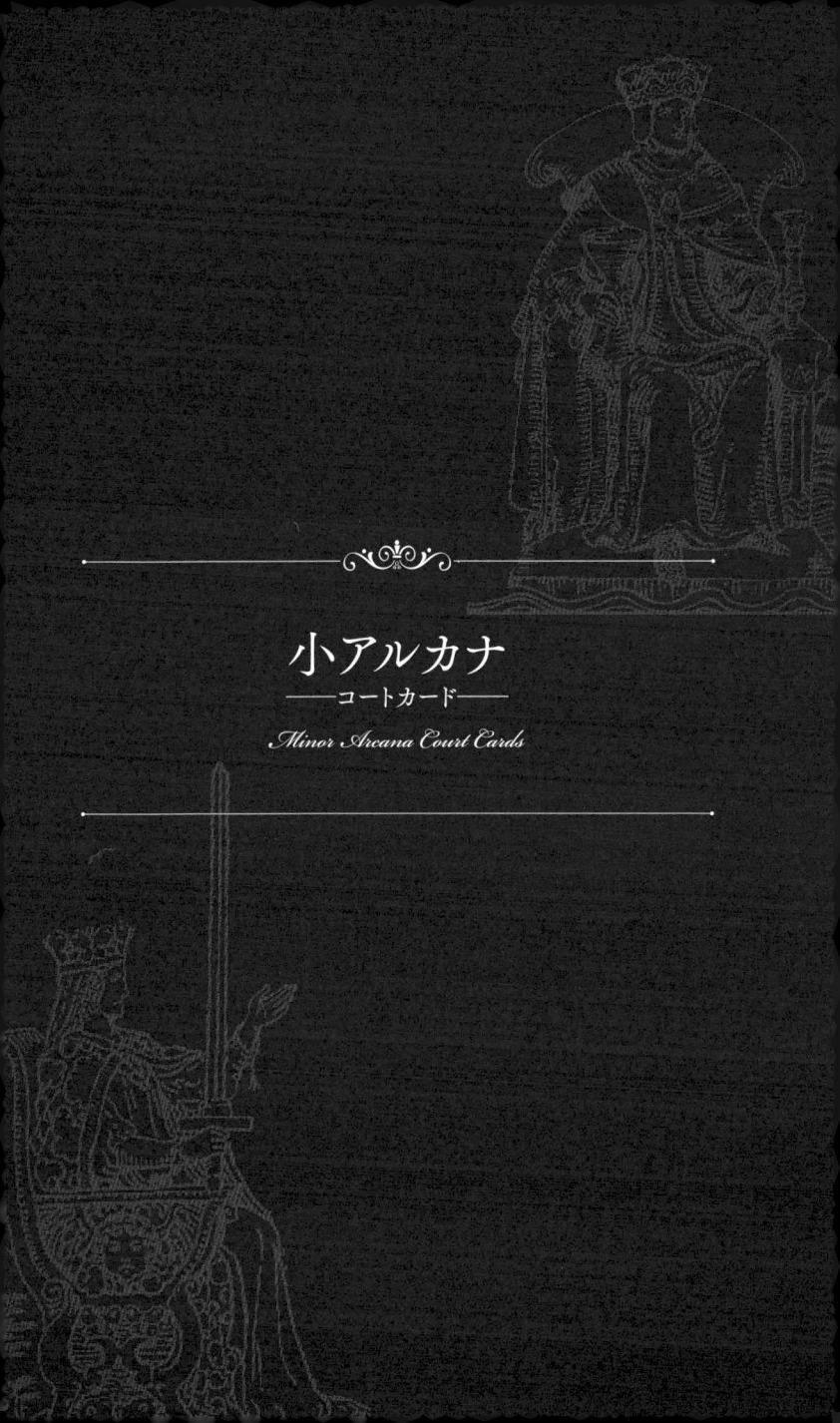

小アルカナ

——コートカード——

Minor Arcana Court Cards

コートカード

「4」という数は、私たちの人生に構造をもたらします。私たちには、四肢、つまり2本の腕と2本の脚があります。私たちは、自分の前方を見ることはできます。首を右または左に向けることもできますが、後ろを見ることはできません。地球は地軸を中心に自転しているので、この惑星には北極と南極があります。この地軸と直角に線を引くと、西と東が得られます。あるいは、ただ北を向いて立ち、両腕を外に向けて伸ばしてください。前方が北、後ろが南、右が東、左が西です。1年には、特別な日が4日あります。春分と秋分、夏至と冬至です。つまり、四季が存在します。

4つのスート。4つのエレメント。そして今、4つのスートに4つのコートカード、すなわち「ペイジ」「ナイト」「クイーン」「キング」を考察する時がきました。ゲーム用カードセット（いわゆるトランプ）には、「ジャック（ペイジ）」「クイーン」「キング」の3つしかコートカードがないことに留意しておきましょう。大アルカナ、つまり"勝利(Triumphs)"のない、スートのみの初期のカード・デッキが作成された時、「ナイト」は馬でどこかに走り去っていて、そこにいなかったのかもしれません。

しかしタロットが作成された時には、人々がタロット・デッキが完全であることを望んだので、「ナイト」は冒険の旅から戻り、「ペイジ」「クイーン」「キング」に加わったのです。つまるところ、それは正に「ナイト」にふさわしい振る舞いです。彼は馬に乗って走り去り、冒険あるいはミッションを続け、プリンセスを助けたり、あるいはドラゴンを倒したりします。そして、戻ってくるのです。

コートカードの捉え方の1つは、これらの人物像を家族として見るやり方です。「キング」と「クイーン」を両親、「ナイト」と「ペイジ」を年上と年下の子どもと見るのです。小アルカナの数札で見てきたように、コートカードの各ポジション、すなわち「ペイジ」「ナイト」「クイーン」「キング」にもそれぞれの性質があり、同時に各スートの性質も帯びます。たとえば、『ワンドのペイジ』は、「ワンド」と「ペイジ」の性質が結合します。「ペイジ」は若く、「ワンド」は「火」ですので、若い火であり、経験は浅くとも、熱心で活発であるといえます。

✳――――エレメントが組み合わされる

「黄金の夜明け団」は、これを非常に率直な方法で形式化しました。4つのスートがそれぞれに1つのエレメントに属するのであれば、4つのコートカード・ポジションにも同じように当てはまるのではない か？　彼らの方法では、「火」「水」「風」「地」は「キング」「クイーン」「ナイト」「ペイジ」に属します。

「火」「水」「風」「地」は、ワンド、カップ、ソード、ペンタクルにも属しますから、各カードに2つのエレメントがあることになります。

	火 ワンド	水 カップ	風 ソード	地 ペンタクル
火 キング	火の火	水の火	風の火	地の火
水 クイーン	火の水	水の水	風の水	地の水
風 ナイト	火の風	水の風	風の風	地の風
地 ペイジ	火の地	水の地	風の地	地の地

エレメントの性質を見つけるには、文字通り、その名前をエレメントに置き換えてみればいいのです。たとえば、『カップのナイト』を例に取れば、カップは「水」、「ナイト」は「風」ですので、「水の風」です。『ペンタクルのクイーン』なら、ペンタクルは「地」、「クイーン」は「水」で、「地の水」となります。

各スートのうち1枚のカードは、同じエレメントが重なります。『ワンドのキング』は「火の火」、『カップのクイーン』は「水の水」、『ソードのナイト』は「風の風」、『ペンタクルのペイジ』は「地の地」となります。以下に続くページでは、各カードの冒頭にこれらをタイトルとして表示してあります。この種のリストではどれもそうですが、カードによってより直接的に意味があるものと、それほどでもないものがあります。タロット・リーディングは常に、科学というよりはアートとしての領域を保持しています。これはこの意味でなければならない、という固定的な規則や法則ではなく、ある体系的な方法によって意味を刺激し、引き出すものです。

✳――発達段階としてのコートカード

また、このように図式的ではない別のやり方で、コートカードを見る方法もあります。コートカードを家族と捉える代わりに、発達の段階として捉えてもいいでしょう。「ペイジ」は始まりです。「ペイジ」を、そのスートの性質を学んでいる学生である、と考えることもあります。燃えるような「ワンドのペイジ」は熱心で、活気とやる気に溢れ、いつでも世界に出て行こうと準備しています。対照的に「カップのペイジ」は、瞑想的で魅惑的、そして物静かです。「ペイジ」に顕著な特徴の1つは、彼らはいまだそれほど大きな責任を負っていないということです。「ペイジ」はただ、経験するだけです。

「ナイト」は次の段階、すなわち冒険と献身の段階を表します。「ナイト」は理想主義的であり、おそらく、戦いに突入する勇敢な『ソードのナイト』が、最もその特徴を描き出しているでしょう。「ナイト」はペイジよりも多くの責任を担います。そう、彼らは馬を駆って冒険に出て行き、我々は「ナイト」がドラゴンを倒したり、宝物を見つけたりして、戻ってくることを期待します。

「クイーン」と「キング」は共に、スートの成熟した形を具現化しています。私は「クイーン」をエレメントのマスターと考えます。彼女たちは、エレメントを理解し、それを最高の形で受け取ります。『ソードのクイーン』は、『11.正義』や「エース」と同様、ソードの刃を真っ直ぐ上に向け、真理への完全な献身を表します。『ワンドのクイーン』は、幸福な「火」のうちにあって、人生を愛します。彼女は脚を開いて座り、輝くようなひまわりを手に持っています。そして「クイーン」のポジティブな性格に応えるように、黒猫が彼女を守るべくそこにいます。

　その一方で、「キング」はより大きな責任を負います。というのも、古い中世の体制では、決断を下し、嘆願を聞き、国を導かねばならなかったのは「キング」だからです。「クイーン」は熟練を表し、「キング」は権威を表します。４人の「キング」のうち、この役割に最もしっくりくるのは、『ソードのキング』です。知性のスートは、このカードに意思決定と指揮・命令という性質を付与するからです。『ソードのキング』は、こちらを真っ直ぐに見据えている唯一のコートカードです。

対照的に、その役割がエレメントの性質に反することがあります。たとえば『ワンドのキング』が、その王座の端に座っている様子を、考えてみましょう。「火」は冒険心が旺盛で、閉じ込められることを嫌います。それゆえ、この「キング」は、自分がただの「ナイト」であった頃、馬を駆って出かけて行けた日々を、恋しく思っているのかもしれません。

ここで、タロット・リーディングの基本ルールを思い出してください。「キング」は必ずしも男性を意味するわけではなく、また「クイーン」も、女性を表しているとは限りません。私たちはまず、そのような見た目通りの性別で考える傾向がありますが、おそらく誰しもが、「キング」のように指揮命令の役割を担う女性や、「クイーン」のようなやり方で、あるエネルギーに深く入り込む男性と出会ったことがあるでしょう。「ペイジ」や「ナイト」にも、同じように可能性が開かれています。

✻———コートカードのイメージ

私は過去にエクササイズとして、すべてのコートカードを並べて、それぞれのカードの個性を端的に表現した一語か二語のテーマを考えてみたことがあります。それは思っていたよりずっと簡単でした。たとえば『ワンドのナイト』には「冒険」、それに対し『ソードのナイト』には「勇気」。以下のページでは、各コートカードの最初に私の選んだテーマを載せていますが、自分でもトライしてみてください。

コートカードについて知識が深まり、またはこの本や他の本で、コートカードの項目を読んだり、あるいは特に（自分のためにしろ他の人のためにしろ）リーディングでコートカードが出てきたら、その後、すべてのコートカードをテーブルに並べてみてください。カードを１枚ずつ順番に眺め、人物の姿勢、周りに何があるか、これらの人物がどのようにそのスートの象徴と関連しているかをよく見て取り、それからそれぞれに対する自分自身のキーワードを探してみてください。

ここまでは、性質、エネルギー、機能という観点で、コートカードを見てきました。より伝統的な見方もあります。それは、実在の人物として見る方法です。たとえば、ある女性が自分の結婚生活について尋ねている場合、「キング」は彼女の夫を意味するでしょうし、「ナイト」は彼女の恋人／愛人であるかもしれません。「ペイジ」は子ども、「クイーン」は彼女自身、あるいは他の女性を示唆している可能性もあるでしょう。質問内容が仕事環境に関することなら、「キング」は上司を表している可能性があります。ではどうやって、ある特定のコートカードがその人を表しているかを判断すればいいのでしょう？

私は、その人の性質やエネルギーから特定していくのが好みです。時として、ただ自分の直感によることもあります。年齢や髪、肌の色に基づく、伝統的な識別方法に目を向けてもいいでしょう。私はウェイトの見解を少し採り入れて、以下の見解にまとめました。「ペイジ」が意味するのは子どもまたは学生（性別は問わない）、「ナイト」は性別に関係なく20代から30代の（特に未婚の）大人、「クイーン」は成熟した女性、「キング」は成熟した男性。ワンドは、明るい髪の色と青い眼、カップは明るいブラウンの髪とグレイかヘイゼルの眼、ソードはダークブラウンの髪とブラウンの眼、ペンタクルは黒髪と黒い眼です。私のこのアプローチは限定的な用途とならざるを得ませんが、これらの特徴も、各カードのリストに加えています。

✻――――柔軟に読み解く

最後に。１枚のコートカードが、１人の人間を表すと考える必要はありません。たとえば、２人の「クイーン」が、ある人の態度や経験の変化を示していることもあります。たとえばもし、ケルティック・クロス・スプレッドでの１枚目のカードが『ソードのクイーン』で、近未来のポジションに『ペンタクルのクイーン』が出てきたら、その質問者の心が軽くなるという変化を示している可能性があります。何らかの喪失による悲しみに沈んだ状態から、自然のありのままの美しさに気づく状態に、変化するのでしょう。

コートカードが実在の人物を表しているとして、他のカードの人物像と「しっくりこない」時がしばしばあります。たとえば『ペンタクルのナイト』と『ソードの６』が並んだりした時に、多くの人がコートカードの解釈を最も難しく感じるようです。しかし他のカードと同じように、リーディングを数多く重ねるほどに、次第にコートカードが現れても苦痛ではなくなるでしょう。また、私たちは、すべてを知り、すべてを見て、すべてを語る神秘的なタロットの読み手という、使い古されたイメージにこだわる必要はないということも覚えておきましょう（あなたが誰か占い師に一芝居売ってくれるよう、お金を渡しているのでなければ、です）。場合によっては、質問者にただ、こう聞いてみれば良いのです。「カップのキングをよく見てください。誰か心当たりの方がいますか？　それともこれはあなたの一側面かしら？」

＊付記

　コートカードの各テーマと占託的意味は、私の著書『タロット・ウィズダム（Tarot Wisdom）』掲載のものとほぼ同じです。これらは、長年のリーディングとカードの研究から生まれたものですが、細かい説明や描写はこの本のために新たに著したものとなっています。

ワンドのペイジ

Page of Wands

◆Theme

エネルギー

◆Element　火

◆エレメントの組み合わせ:火の地

◆身体的特徴:明るい髪と青い瞳の子ども、あるいは若者

パメラ・スミスならではの両性具有的人物の１つであり、派手なチュニックと、なだらかに垂れた黄色のケープで着飾った、愛らしい若い男として描かれています。赤い羽付きの気取った帽子は、『0.愚者』ないし『19.太陽』の子どもを思い起こさせます。力強く直立し、頭はわずかに後ろに傾け、ワンドをしっかりと握っています。

彼は自信に溢れ、仕事や責任を引き受ける準備は万端のようです。「ワンド」のコートカードの中で最も若い人物であることから、熱意と活気に溢れた、始まりのカードと捉えることができるでしょう。私は『ワンドのペイジ』をコートカードの最初のカードと捉えています（これは私の発達段階的アプローチによる見方であり、「ペイジ」は各スートの最初であり、「ワンド」は最初のスートです）。それゆえ、ここではすべては新しく、新鮮です。

ナイトとクイーンと同様、彼は砂漠にいて、砂丘あるいはピラミッドの前に立っています。火は、周囲の環境を焼き尽くしてしまう危険性を常にはらんでいます。彼のチュニックに描かれているサラマンダー（火トカゲ）に注目してください。尾を口に加えていないので、これらは未完成、未達成のなにかを象徴しています（ナイト、キングと比較してみましょう）。未来が彼の目の前に広がっています。

タロットの伝統では、ペイジを「メッセンジャー」と呼ぶこともあります。火のメッセージとはどんなものでしょう？

それはおそらく、人生を楽しみ、チャンスに挑み、何かをはじめること、ではないでしょうか。このカードを「誠実な恋人」と解釈する人もいます。

占託的意味

- 新鮮さ、熱狂、何かを開始したいという意志
- 若くエネルギッシュな人物
- エキサイティングなニュース
- 誠実な恋人、あるいは愛の告白の可能性

逆位置

- 不確かな、躊躇（特に『愚者』の逆位置を伴う場合）慎重さ、警告
- 特に『ソードの7』を伴う場合には、不実な恋人を表している可能性がある

ワンドのナイト

Knight of Wands

◆Theme
冒険

◆Element　火
◆エレメントの組み合わせ：火の風
◆身体的特徴：明るい髪と青い瞳の20～30代の大人

　ナイトの基本的なミッションはシンプルです。それは、馬に乗って探求の旅に飛び出し、英雄的な偉業を達成し、勝利して、何かすてきなものを持ち帰ってくる、ということです。
　ワンドのナイトにとって探求の旅とは、つまり冒険そのものです。彼はせっかちで、激情的で、エネルギッシュです。なんであれスピード感のないものや、同じことを繰り返すようなことは彼に苛立ちとフラストレーションを感じさせ、時にそれは彼にとって堪え難いものとなります。しかし同時に、彼は英雄的で、理想主義者でもあります。

彼の馬は、自分を抑えきれないといわんばかりに、前足をあげていきり立っています。興味深いことに、『ペンタクルのナイト』に描かれている逞しい黒馬とは違い、この金色の馬は実際にはまだどこにも向かっていませんが、蹄《ひづめ》が地面に触れると同時に全力で「どこかへ」駆け出さんばかりです。ワンドのナイトは、どんなグループに属することも好まない個人主義者ですが、不正や間違いを正すことに情熱を燃やす理想主義者でもあります。少なくとも、それが退屈ではない限りは。

ペイジやキングと同様、サラマンダー（火トカゲ）が彼のチュニックに描かれています。それらのほとんどは尾を口に加えておらず、未完成、未達成のものを象徴しています。結婚して身を落ち着けることを考える前に、彼にはたくさんのなすべきことがあるようです。

占託的意味

- ◆冒険、大胆不敵、エネルギッシュで力を持った人物
- ◆人物像として、彼は非常に魅力的で、自信に溢れている
- ◆このカードは旅を意味することもある

逆位置

- ◆遅延、妨害の可能性
- ◆壮大な目標の割には準備不足だったせいで、落馬してしまったナイトのような自信過剰

ワンドのクイーン

Queen of Wands

◆Theme
人生への愛

◆Element　火
◆エレメントの組み合わせ：火の水
◆身体的特徴：明るい髪と青い瞳の年長の女性

彼女は砂漠で、両側にライオンの彫刻が施された王座に座っています。背には立ち上がったライオンの紋章が描かれています。「黄金の夜明け団」の教義では、彼女は火のエレメントが最も力強くなる夏の不動宮、獅子座と関連づけられており、その事実を示すかのように、彼女の王座はひまわりで飾られています。彼女は右手にワンド、左手には生命力溢れるひまわりを持ち、ここから『19.太陽』のカードで子どもの後ろに描かれていたひまわりが思い出されます。キングの燃え上がるような黄金の王冠と対比するかのように、彼女の王冠は花で飾られています。彼女は砂漠を潤し、火の激しさにたおやかな感情をもたらしているかのようです。

ここには彫刻のライオンだけでなく、魔女の使い魔のような本物の黒猫（ウィッカ、すなわち魔女宗徒はしばしばこのカードと関連します）もいて、自然が遣わした彼女の守護者のような佇まいをみせています。

このクイーンは自信に溢れ、力強く、ハッピーです。彼女の本質は熟練であり、ゆえに彼女は火のマスターです。彼女は完全な自信の、女性的な側面を表しています。ワンドは性的なエネルギーの象徴であり、ウェイト版では、脚を開いて座る彼女は最もセクシーなクイーンとして知られています。

彼女の静かな自信は、彼女の危機に対応する優れた能力を支えています。それゆえ、彼女を追いつめるようなことは誰にもできないでしょう。また、彼女の獅子座的な自信と幸せへの欲求は、人々が弱く、過剰に情緒的であることに苛立つことがあります。

占託的意味

- ◆彼女は自信に溢れ、活力を与え、寛大ですが時に猛烈
- ◆彼女は性的な情熱も燃やしますが、弱々しかったり、ためらいがちなパートナーには耐えられない
- ◆人生への愛、ゆったりと楽しむべき時

逆位置

- ◆寛大で、危機に強い
- ◆このクイーンはだらだらと続く状況を、堪え難く感じる
- ◆彼女には、人々と一緒にいて、人生を謳歌できる環境が必要
- ◆ものの限度をわきまえることについての困難

ワンドのキング

King of Wands

◆Theme

自信(傲慢)

◆Element　火

◆エレメントの組み合わせ：火の火

◆身体的特徴：明るい髪と青い瞳の年長の男性

彼は王座に力強く鎮座し、赤いローブをまとっています。また、炎のようなかたちの王冠の下に赤いヘルメットをかぶっています。彼の威厳、そして半ば閉じられた彼の左手は、彼の短気さを示しています。彼の王座の背にはライオンとサラマンダー（火トカゲ）が描かれており、さらにたくさんのサラマンダーが、彼のマントの表面を覆い尽くしています。それらはすべて、尾を口にくわえた円の形で描かれ、完成と成熟を象徴しています（ペイジやナイトと比較してください）。王座の足下にも、黒い小さなサラマンダーが見えます。

クイーンは自らのエレメントを熟知しますが、キングはエレメントを支配し、決断をすることが要求されます。この火のキングは時に傲慢なまでに自信家ですが、底意地が悪いというわけではなく、単に躊躇しがちな人や、確信に欠ける他者を理解することが苦手なだけなのです。

王としての役割は、彼の助けを必要とする人々（あるいは単に日々の仕事に向かう人々）を統治するため、彼に王座に鎮座しているよう要請しますが、これが彼にとっては問題の種となります。火は動きたがり、自由を求め、何であれ押さえ付けようとするものを拒絶します。彼が王座にゆったりと背を預けるのではなく、直立して座っていることに注意してください。彼はナイトになって、ドラゴン退治や姫君の救出に奔走することを夢想しているようです。あるいは（彼から見れば）責任の重圧もなく、良き人生を満喫しているクイーンを、羨ましく思っているのかもしれません。

占託的意味

- 非常に力強く、自信に溢れた男性（女性の可能性も）
- 思考や行動が遅い人や、自分の習性に立ち向かい仕事を遂行することができない人には、不寛容。彼は悪知恵や、何であれ邪悪な意志を持たない、単にパワフルなエネルギー
- 自信
- 厳しい上司

逆位置

- 試されたり、あるいはなにかしら制限されると、彼は怒りで反応する
- 彼の冒険への欲求は、彼に責任を放棄させたり、彼が他者にしてあげたことを後悔させたりもする

カップのペイジ

Page of Cups

◆Theme
想像力

◆Element　水
◆エレメントの組み合わせ：水の地
◆身体的特徴：明るい茶色の髪と、灰色または栗色の瞳の子ども、あるいは若者

優雅でリラックスした、そしてどこかしらうっとりと魅了されているような表情で、カップから躍り出ている（あるいは単にカップのふちで休んでいる）魚を見つめています。ペンタクルのペイジのように、彼は美しい服と垂れ下がる帽子、蓮の花で飾られたチュニックを着ています。蓮は水中で成長し、長い茎を水面上に伸ばして、太陽に向かって優雅な花を咲かせます。それゆえ蓮は、存在の原初の海の深みから現れ、

開花する意識を象徴します。19世紀頃にはこのカードには(フランスの占い師、エテイヤによれば)「瞑想、黙想」という意味が与えられていました。エジプト神話では、太陽神は蓮の中で生まれ、またインドでは、蓮の花は聖なる女性性を表すものとされています。

ペイジの後ろには、可能な限り簡素化されて描かれた波が見えます。「カップのキング」に描かれている、エネルギッシュな海と比べてください。ペイジにとっては、感情と想像力はまだなんの責任にもとらわれず、シンプルなままです。それは彼がうっとりと魚を眺めている様子にも表現されています。

ペイジと魚の対話を想像してみましょう。それは、言葉をしゃべり、願いをかなえてくれる不思議な動物のおとぎ話を思い出させてくれるでしょう。おとぎ話ではしばしば、貪欲とわがままさが悲惨な結果をもたらします。ともあれ「カップのペイジ」には、欲望ではなく喜びが溢れています。すべてのカップのカードがメッセンジャーであるとしたら、彼はどんなメッセージを私たちに届けてくれるのでしょうか?
それはたぶん、静けさを保ち、流れる水面を眺めるように、私たち自身の想像力から沸き起こるものを楽しみなさい、ということでしょう。

占託的意味

- 沈黙。瞑想
- スピリチュアルな、あるいは空想的なものへの、必要性に迫られない興味
- 美しいものを愛する人物
- 時にサイキックなひらめきを含む、無意識からのメッセージ

逆位置

- 想像力、あるいは無意識の力に翻弄されている人物
- 決断や行動に対するプレッシャーと責任

カップのナイト

Knight of Cups

◆Theme
夢 / 内省

◆Element　水
◆エレメントの組み合わせ：水の風
◆身体的特徴：明るい茶色の髪と、灰色または栗色の瞳の20〜30代の大人

彼の灰色の馬は、立ち上がった「ワンド」の馬や、駆け出さんばかりの「ソード」の馬とは対照的に、頭を垂れてゆっくりと動いています。チュニックを飾る魚のモチーフは彼の水の性質を表し、兜の羽飾りと鐙は風の性質を表しています。すなわち、水の風。彼はカップを差し出すように持っていますが、それを手放してしまってもいいものか、迷っているようにもみえます。

このカードは人間関係を占うリーディングにおいて、とても興味深いものとなります。ナイトはロマンスを象徴する人物像であり、騎士道的愛の伝統では、ナイトは彼の強さと無私の精神を淑女への献身と愛慕に捧げます。加えてカップもまた、ロマンティックなスートです。しかしカップは夢見がちでもあり、幻想や感情の赴くままに内面に向かって閉じこもる性質をも持っています。このナイトは愛に魅惑されながらも、自分自身の内面的な生活を確保したいという欲求もまた持っているようです。このカードは『9.隠者』に次いで内向的な性格が強く、『6.恋人たち』や『カップの2』に次いでロマンティックでもあります。

リーディングでこのカードが出てきたら、こう問いたくなるでしょう。彼はその歩みの遅い馬に乗り、何を探求しているのでしょうか？　彼がカップを見つめているのは、カップが彼を導いているからでしょうか？　それともそれは彼が得た報酬であり、馬の歩みが遅いのは彼がそれを手放すことを迷っているからでしょうか？　あなた自身（あるいは相談者にとって)カップが何を意味するのか、問うてみてください。何が見えますか？

占託的意味

- ◆ロマンティックで夢見がち、ファンタジーに囚われて行動の遅い人物
- ◆彼は献身的な恋人かもしれないが、自分勝手な幻想や、恋に恋しているだけの人物かもしれない

逆位置

- ◆彼をかき乱すようななにか
- ◆愛が彼を自己耽溺から目覚めさせる

カップのクイーン

Queen of Cups

◆Theme
献身

◆Element　水
◆エレメントの組み合わせ：水の水
◆身体的特徴：明るい茶色の髪と、灰色または栗色の瞳の年長の女性

彼女は子どもの人魚にみえる彫刻が施された王座に座り、ホタテ貝の殻に頭を預けています。『カップのキング』の、海に浮かべられた王座とは対照的に、彼女の王座は乾いた大地の上で安らいでいます。同時に、川の流れが彼女を取り囲み、彼女のドレスを濡らしてしまいそうなほどです。

このことから、彼女は強い感情と行動を融合し、実際的な現実と結びつけていると言えます。

水の水。4枚の「純粋な」エレメントのカードのうちの1枚として、『カップのクイーン』は特別な力と強さを備えており、それらは彼女のスートから引き出される最高の性質——無私の愛——に捧げられています。ウェイトは彼女について「彼女は見つめるだけでなく行動し、その活動は彼女の夢を紡ぐ」と述べています。彼女は精巧なカップを見つめています。このカップはデッキ全体の中でも際立ってユニークな、唯一装飾が施され、蓋のついたカップとなっています。『カップのエース』と同じく、ここには他のカードに比べて、よりスピリチュアルな意味が込められていることが明らかに見て取れます。ある人はこのカップを、カトリックのミサで使用される、聖別されキリストの身体へと変容した聖餅を受ける器と比較します。カップの両側にある翼のついた人物の飾りは、古代イスラエル神殿の中央に安置された、契約の聖《せい》櫃《ひつ》を守護する2位の熾天使《セラフィム》を思わせます。

聖櫃はシェキナー、すなわち聖なる女性性が棲まう場所です。『カップのクイーン』は、癒やしや愛の魔術のために召喚することができます。このカードを祭壇に置き、周囲には花を捧げ、エレガントなボウルに満たした水を、彼女の顕現の前に捧げましょう。

占託的意味

- 熱烈な感情。愛、行うだけでなく、感じ取る能力
- 彼女は創造的なアーティスト、あるいは自分自身の創造的な側面を表してるかもしれない
- ロマンティックな恋であれ家族愛であれ、愛そのものを示す
- 癒やし、あるいは困難な状況における守護

逆位置

- ビジョンと行動の結びつきが弱まり、内面的な世界にひきこもったり、感情を偽って行動する
- 家族間の感情的緊張の可能性

カップのキング

King of Cups

◆Theme

制御された創造力

◆Element　水

◆エレメントの組み合わせ：水の火

◆身体的特徴：明るい茶色の髪と、灰色または栗色の瞳の年長の男性

『カップのクイーン』と『カップのキング』を、伝統的な配置――クイーンを左に、キングを右に――並べてみると、この夫婦がお互いに向かい合っていないことに気づくでしょう。彼らはそれぞれの道を進み、他に愛人がいるようにすら感じられます。彼らのエレメントの性質を考えてみましょう。水の水として、クイーンは彼女の愛と献身を表現するパートナーを、本当の意味では必要としていません。彼女はそれを

家族を通じて、あるいは一種の奉仕として行うでしょう。キングの水の火は、彼を興味深い状況に置きます。水は感情、あるいは創造的な衝動を象徴しますが、火は彼を、カップの領域であるハート――こころ――を超えて、行動に駆り立てます。名君として名を残し、信頼を勝ち取るために、彼は成功と達成を求める必要に駆られているのです。
『カップのキング』はとても創造的かつ感受性の高い人物であり、ナイト同様に夢見がちでもありますが、その感受性のすべてを、ビジネスやプロフェッショナルとしての人生に注ぎ込みます。いわば、法律家として成功した詩人のような人物です。彼の王座は揺れ動く海面に浮かんではいますが、水は彼の足に触れていません。乾いた大地に安置された王座に座りつつ、川の水がドレスを濡らさんばかりであったクイーンと好対照をなしています。『カップのキング』は、深い感情を持ちながらも、その一面を決して他人には明かそうとしない人物を示します。彼は、深い感情が溢れ出して、彼を飲み込んでしまうことを恐れているのです。

占託的意味

◆深い感情や想像力を備えながらも、それを隠す傾向を持つ、成功している人物
◆このカードは、芸術方面や、「制御された創造力」に基づく職業（例えば法律家やビジネスコンサルタントなど）での達成を示す場合がある
◆また、飲酒に関する問題を抱えながらそれを隠そうとしている人物を示している可能性もある（しかし、他のカードがそれを示唆する場合に限る）

逆位置

◆感情の噴出。特に、他のカードが危機を示唆する場合
◆怒り、あるいは涙によって、長い間隠されてきた感情が露呈する
◆創造性がブロックされているか、フラストレーションが存在する可能性

ソードのペイジ

Page of Swords

◆Theme
慎重

◆Element　風
◆エレメントの組み合わせ：風の地
◆身体的特徴：ダークブラウンの髪と、茶色の瞳の子ども、あるいは若者

風吹く丘の上、雲とともにペイジが描かれています。彼が表すエレメントは風の地ですが、風の要素のほうが地よりも強調されています。彼は肩越しに振り返り、ソードを掲げています。彼はペイジの中で最も男性的で、チュニックは質素です。帽子もフードもありません。

頭の後ろに流れる黒いものは何でしょう？　リボン？　雲でしょうか？　それとも一種のエネルギーの表現でしょう

か？　左下の、風に吹かれている樹とそれが似ていることに注意してください。ペイジは明るい面と同様に、暗い面も持ち合わせます。彼は、何か痛ましい事件を目撃しているのかもしれません。

ペイジは学生、初心者を表します。彼らは必要な仕事を迫られることなく、エレメントの性質を単に学び、満喫することを許されています。『ソードのペイジ』はソードの他のコートカードよりも軽やかで、ナイトのような残忍さもなく、クイーンのように峻厳でも、キングのように深刻でもありません。

一方で、彼は慎重であり、重たいソードを両手でしっかりと握って、後ろを振り返っています（多くのソードのカードに、振り返り、あるいは顔を多い、また目隠しをされた人物が描かれています）。彼はナイトのように自ら戦いに赴くことなく、自分自身を守るために常に用心しているようです。興味深いことに、占いの伝統では彼を一種のスパイとしています。このことは、リーディングではどんな意味を持つでしょうか？

占託的意味

- ◆慎重さ、用心、おそらくは恐る恐る、過去を振り返る
- ◆戦いの前の緊張
- ◆調査、あるいはスパイをしている人物

逆位置

- ◆信頼できる人と、リラックスすることを学ぶ
- ◆あるいは逆に、より不安に、より攻撃的になる
- ◆どちらの意味をとるべきは、他のカードとの関係による

ソードのナイト

Knight of Swords

◆Theme
勇気

◆Element　風
◆エレメントの組み合わせ：風の風
◆身体的特徴：ダークブラウンの髪と、茶色の瞳の20～30代の大人

彼は４人のナイトの中でも最も「ナイト的」な人物です。ソードを高く掲げ、赤いケープと羽飾りをたなびかせて、まっしぐらに戦いに飛び込んでいきます。風のエレメントの生き物である、蝶と鳥が馬具を飾っています。彼の鎧の装飾は、攻め入るように身を屈めたポーズによって隠されています。

エレメントの組み合わせでは、彼は「完全な」風です。精神の高みに住まい、風のエレメントならではの俊敏さで動き、頭の回転が速く、高潔で、道徳的で、才気に溢れています。

彼の強力なエレメントの力にもかかわらず、『ソードのナイト』の主な属性は「勇気」です。ウェイトは彼を、聖杯伝説の勇気溢れる理想主義者で、それでいて孤高な、偉大なる勝利者ガラハッドになぞらえています。『ソードのナイト』は嵐の只中に飛び込みます。樹々は彼に向かって身をきしませます。馬は振り返り、「これでいいのかい？」と問うているかのように不安げですが、そんな警告はナイトの耳には届きません。

『ソードのナイト』は勇ましく最前線に躍り出ますが、それは単に戦いが好きだという以上の、高い目的のために仕える行為であることを常に確認しておく必要があります。究極的には、彼のソードは正義の剣であり、『ソードのエース』のような、真実の紋章なのです。

占託的意味

- 勇気、俊敏、大胆
- 争いが示唆されていますが、誰であれその戦いを引き受ける人は、それが正義のための戦いであることを十分に理解しておく必要がある
- 純度の高い知性（風の風）
- 素晴らしいアイデア、移り気

逆位置

- 戦いのスリルを求めることから引き起こされる危険
- ソードのコードカード全般に、逆位置は「堕落」のニュアンスを帯びる傾向があり、ナイトにおいては攻撃的、横柄となる。率直に言えば、彼の乱暴、無謀な一面を表す

ソードのクイーン

Queen of Swords

◆Theme
叡智／悲しみ

◆Element　風
◆エレメントの組み合わせ：風の水
◆身体的特徴：ダークブラウンの髪と、茶色の瞳の年長の女性

彼女はシンプルですがエレガントな王座に座っています。王座は、蝶と、翼ある天使の頭部で飾られています。『カップの２』で見られた翼あるライオンの頭部が思い起こされますが、『カップの２』にいたカップルとは違い、彼女は独りです。

多くの人が彼女を悲しみの人、あるいは未亡人とさえ見ます。事実、左手にかかっている飾りふさは、ヴィクトリア朝時代の未亡人のしるしです。彼女は『ソードの８』の女性であり、自らを解き放った後、暗い過去の思い出として、拘束の紐の切れ端を身につけているのだ、と見る人もいます。王冠の蝶は、悲しみや痛みから霊的真実への、純粋な精神を通じた魂の変容を象徴します。今日では「精神」を意味するギリシャ語の「プシケ」は、本来は「蝶」と「魂」の両方を意味する言葉でした。蝶は、泥に眠る不活発な幼虫から、翼を広げる美のスピリットへと不思議な変化を遂げるからです。

彼女はしかめっ面で、あからさまに不機嫌です。彼女は不幸で、人生の苦渋をたっぷりと味わってきましたが、同時に彼女は、純粋さを象徴する雲に向かって頭を上げています。これは彼女が、彼女の真実から目をそむけたり、拒絶したりしていないことを表します。彼女は開いた手を掲げ、人生とスピリットを迎え入れつつ、彼女が学んだことを捧げ、かつ何も引き留めません。彼女のソードは、戦い前のように傾けられてはいず、『11.正義』や『ソードのエース』のように真っ直ぐに立てられています。彼女は、彼女自身の真実の証しを失えばすべてを失うことを知っているのです。１羽の鳥が上空に羽ばたいています。これは彼女の純粋なこころの表現でしょう。

占託的意味

- ◆悲しみ、独居、あるいはその他の困難により強いられる（あるいは賢明な）孤独
- ◆（思考と言葉の双方において）真実を証すこと
- ◆歯に衣着せない辛辣さ
- ◆知的な人、著述家

逆位置

- ◆他のソードのコートカード同様、逆位置は「堕落」を示す傾向がある
- ◆パワフルな精神や人物が、更に周囲を支配しようとする。あるいは、より穏便な解釈では、彼女が孤高の場所から出て、人生と人間関係により関わる

ソードのキング

King of Swords

◆Theme
権威

◆Element　風
◆エレメントの組み合わせ：風の火
◆身体的特徴：ダークブラウンの髪と、茶色の瞳の年長の男性

「アラビアのロレンス」のように奇妙ないでたちで、雲の中、高地のような場所の王座に座っています。彼の背後で王座は石柱のようにそびえ立ち、蝶、それから風の元素の精霊シルフとして知られる翼ある霊の姿が彫刻されています。『11.正義』と似て、彼はこちらを真っ直ぐに見つめています。これは16枚のコートカードのうち、このカードだけです。

権威と責任は、王に求められる根源的な特質であり、思慮深い『ソードのキング』は他のどのキングよりも、この役割を担うにふさわしく思われます。『ワンドのキング』は、もう退位してしまいたそうに見えますし、『カップのキング』は彼自身のみずみずしい感情を抑圧し、『ペンタクルのキング』は彼の財産に夢中です。『ソードのキング』は、今にも命令を下さんとばかりに、私たちを見返しています。

同時に、決断し、行動する必要性は、超然とした『ソードのクイーン』に見られる純粋さの感覚を彼が維持できないことを意味します。『ソードのクイーン』では、ソードは真っ直ぐに立てられていました（『11.正義』や『ソードのエース』と同様です）。『ソードのキング』では、彼のソードは少し横に傾いています。『ソードのクイーン』では1羽の鳥が飛んでいましたが、ここでは2羽の鳥がキングの後ろを飛んでいます。これは、彼が決断しなければならない選択を象徴しています。おそらく彼は、他のキングたち以上に、自身の下す決断がもたらす結果について思慮し続けているのでしょう。

仕事やキャリアについてのリーディングでは、「キング」のカードは上司を表す可能性があります。『ソードのキング』は他の誰よりも聡明で、責任感の強い上司と言えるでしょう。

占託的意味

- ◆決断し、命令することが得意な、権威的な人物
- ◆『ソードのキング』は人物以外にも、賢明な判断全般、特に公共の福祉を表す場合がある

逆位置

- ◆社会よりも自己を優先する、パワフルな人物、精神
- ◆堕落した上司や権威的人物
- ◆より穏便な意味では、重要な決断の先送り

ペンタクルのペイジ

Page of Pentacles

◆Theme

学び

◆Element　地

◆エレメントの組み合わせ:地の地

◆身体的特徴:とても暗い茶髪か黒髪と、黒い瞳の子ども、あるいは若者

地と地、単一の元素のカードです。これは地に足の着いた、物事によく気がつき、どっしりとした体格の人物像を想像させますが、カードに描かれているのは優美で、大切そうに掲げたペンタクルに心奪われている人物です。

彼は歩いているようですが、その歩みはゆっくりであり、ペンタクルの黄金の環の中の魔法の星に、うっとりと見入っています。すべてのペイジのカードは学生を表しますが、『ペンタクルのペイジ』は彼の研究と学びへの愛に身を捧げた、熱心な研究者の典型的な姿を描いているように見えます。

ペイジがメッセンジャーだとすれば、彼はどんなメッセージを私たちに伝えているのでしょうか？　それはきっと、軽やかに掲げられたペンタクルの中に、彼が見いだしたものでしょう。彼は水晶玉を見つめる占い師なのかもしれません。ペンタクルが魔術のシンボルであることを思い起こせば、あるいは彼はペンタクルの神秘に導かれるオカルト学徒の卵であるのかもしれません。彼のポーズと、そこに感じられる気さくさは、新しい世界に飛び込んでいこうとする『0.愚者』を思い起こさせます。『0.愚者』と違って『ペンタクルのペイジ』は、輝くペンタクルの導きのままに、どこまでも、ゆっくりと歩いていきます。

占託的意味

- 学生、ビギナー
- 魔術、その他の研究学習
- そのものが持つ魅力以外のどんな条件、必要性もない、何かへの魅了
- 献身。身の回りの世界を探索する

逆位置

- 学生の場合、学業上の問題か、試験やキャリアについての外的なプレッシャーを感じている可能性。あるいは、集中した学習や仕事の後のリラックスを意味している場合もある。

ペンタクルのナイト

Knight of Pentacles

◆Theme

仕事

◆Element　地

◆エレメントの組み合わせ：地の風

◆身体的特徴：とても暗い茶髪か黒髪と、黒い瞳の20〜30代の大人

彼の兜と同じ葉飾りを付けた、大きな黒い馬に真っ直ぐにまたがっています。手袋を着けた手には、ペンタクルを捧げるように持っています。彼の背後には耕地のような風景が広がっています。彼はこの地の守護者、あるいはヒーローでしょうか？

以前に触れた通り、ナイトは探求の旅に出て、ドラゴンを退治し、お姫様を救出します。しかし、『ペンタクルのナイト』

は動こうとしません。彼の馬は草原で、真っ直ぐにたたずんでいます。このスートの「地」のエレメントが、ナイトが表す「風」の性質をしっかりと地面に根付かせ、俊敏な精神は現実にグラウンディングしています。

『ペンタクルのナイト』が私たちに示しているのは、献身的な働き者の姿です。彼は野心やリスクに賭けることなく、すべての注意力を自分の責務に注ぎ全うしようとしています。カップほどロマンティックでも、ソードほどヒロイックでも、ワンドほどエネルギッシュでもない彼こそが、ある状況において私たちに必要なのかもしれません。仕事や他の実務的な局面（例えば、彼の背後の耕地から連想されるのはガーデニングです）で、何かしらのチャレンジに立ち向かう時、一定期間、怠け癖や注意力散漫、飽きっぽさを排してあなたの全てを注ぎ込む必要がある時には、あなたの中の『ペンタクルのナイト』を呼び起こしたくなるでしょう。メールを確認しようか、コーヒー休憩にしようか、それともちょっとだけ横になろうか、そういった考えが沸き起こったら、『ペンタクルのナイト』がどっしりと馬にまたがり、目の前のやるべきことをしっかりと見据えている様子を想像してみましょう。

占託的意味

- ハードワーカー
- 勤勉さ。報酬や名誉のためではなく眼前の仕事に身を捧げる
- 感情や賭けにふけることのない慎重さ
- エゴにとらわれない、自然な奉仕の精神

逆位置

- 過剰に不活性、他者に後れをとる可能性。または、仕事以外に興味の対象を見つける

ペンタクルのクイーン

Queen of Pentacles

◆Theme
自然／本性

◆Element　地
◆エレメントの組み合わせ：地の水
◆身体的特徴：とても暗い茶髪か黒髪と、黒い瞳の年長の女性

彼女は庭の中の王座に座っています。石の王座には「地」の愛を表す果実と、彼女の宮である山羊座を表すヤギの頭部の装飾が施されています。すべては実り豊かで、みずみずしさに溢れています。右下には豊穣／繁殖のシンボルであるウサギも見られます。

多くの人は『ペンタクルのクイーン』から『3.女帝』の、自然への深い愛情、彼女を取り巻くみずみずしい果実の悦びを連想します。「地」の「水」として、彼女は情熱的な愛を日常にもたらします。彼女は何も建築物がない自然の内に座し、背後にそびえる宮殿の前に座っている『ペンタクルのキング』とは対照的です。彼女がある性質を『1.魔術師』と共有していることに注意しましょう。『1.魔術師』と同じく、彼女は白地に赤の装いで、蔓草《つるくさ》と花々のアーチに守られるように座っています。しかし彼女は、上なるものを下なるものへと降ろすべく、天に伸び上がってはいません。そのかわり、ただ魔法のペンタクルを抱き、おそらくはその神秘に見入っています。

ウェイトは明らかにこのクイーンを重視していました。彼は彼女について「魂の偉大さという観念に要約される」「真《しん》摯《し》な知の働き——彼女はシンボルについて熟考し、そこに世界を観る」と述べています。私には、彼女は情熱的に自然を愛し、他になにも求めないかのように見えます。

占託的意味

- 自然への愛
- 物質世界との強いつながり
- 幸福
- 物質的安全
- 富を表すこともある

逆位置

- 自然との根源的な結びつきが失われ、あるいは脅威にさらされている。そのことで彼女はイライラし、攻撃的になるかもしれない
- 家族や友達に心を閉ざす

ペンタクルのキング

King of Pentacles

◆Theme
富

◆Element　地
◆エレメントの組み合わせ：地の火
◆身体的特徴：とても暗い茶髪か黒髪と、黒い瞳の年長の男性

ゆったりとした王座は、牡牛座を表す牡牛の頭部で飾られています。周囲に溢れ出す庭園の緑と、ブドウの房に覆われた彼のローブのせいで、彼はほとんど風景の一部のように見えます。背景には城（あるいは街かもしれません）がそびえ立っています。これは私たちが初めて目にする「王国」の姿であり、彼の他のスートの兄弟（キング）たちが人生の一局面を支配していたのに対し、『ペンタクルのキング』は「地」

のエレメントの王、すなわち「現実の」世界の富める王です。

彼は成功し、守られており、富と、おそらく名誉を得ています。そして彼自身もそれを気に入っているように、心地よく座り、膝の上に置かれたペンタクルに子どものように夢中です。このスートにおける他の戴冠した人物、『ペンタクルの４』とは違い、ここでは彼は富を見せびらかすようなことをせず、気高くそれを提示しています。プロジェクトに対する寄付や、後援者を探している時、また承認を得たい時などは、『ペンタクルのキング』があなたの人生に介入してくる様子をビジュアライズしてみましょう。また、このカードは求職中に現れるといいカードでもあります。彼はフレンドリーなボスを表すからです。

彼はいわゆる「良き人生」、すなわち富、快楽、人生を謳歌する度量の大きな人物などを表します。同時に、彼は責任や決断などよりも、彼自身の楽しみにかまけているように見えなくもありません。

占託的意味

- 富、成功、快楽、安全
- 彼は物質的なものごとに集中しているが、わがままや執着によるのではなく、より満足とプライドを持って取り組んでいる。実際、彼はとても気前のいい人物かもしれない
- 仕事や、誰かからの物質的なサポートを求めている時には、どんなリーディングにおいても好ましいカード

逆位置

- お金や現実的危機に関する心配
- 不満、持っているものが十分ではないという感覚
- 物質的な問題から、より抽象的、あるいはスピリチュアルな問題に移行する可能性

コートカードからインスパイアされたリーディング

このスプレッドは、コートカードを個性に溢れた家族と見なすアイデアから発展したものですが、コートカードだけではなく、デッキ全体を通常のやり方で使って行います。質問は現在形で書かれていますが、家族の過去の様子を振り返りたい時には、過去形の質問に置き換えて行えます。また、ここでは簡潔さを優先するため自分、母、父までとしていますが、もちろん、自身の家族構成に従って兄弟、姉妹、祖父母などを追加することができます。

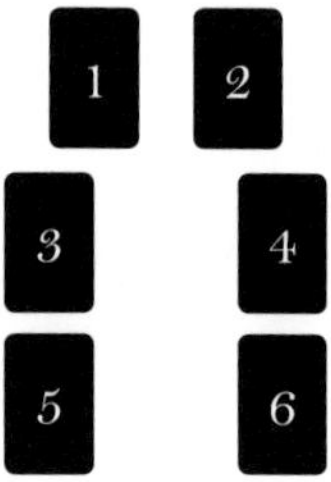

1 家族において、私はどんな人物でしょう？

2 私の役割は何？

3 私の母はどんな人物でしょう？

4 母の役割は何？

5 私の父はどんな人物でしょう？

6 父の役割は何？

リーディング

あらゆるお飾りを取り除いてしまえば、タロットを読むということはとてもシンプルです。質問者（カードにお伺いを立てたいと願っている人物）は論点や質問を決めます。「恋愛のことで悩んでいる」といった程度に大雑把でもいいですし、「この結婚が離婚に至る可能性を知りたい」といったふうに個別的でも構いません。読み手はスプレッド（カードの並べ方）を選びます。質問者は、カードを裏を向けて絵柄が見えないようにシャッフルし、読み手に返します。読み手は、スプレッドに従ってカードを並べ、カードから読み取れることを語ります。秘訣は、もちろん「読み取る」ことにもありますが、同時に「語る」ことにもあります。それはカードを眺めた時に心に浮かぶ、あぶくのような考えや直感を表現し、伝える能力です。

あなたが自分自身のためにリーディングを行う場合、質問者と読み手は同一人物、すなわちあなたとなることも、指摘しておきましょう。この章では質問者と読み手が別個の人物であると設定してリーディングの手法を書き進めますが、どの手法も自分自身のためのリーディングに使えます。ある人々は、タロットの読み手は決して自分自身を占ってはいけない、と考えます。ある人はそれは不運を呼び込むといい、またある人は、客観的なリーディングができないから、といいます。しかし、タロットの読み手の集いで誰彼と話せば、実際のところほとんどすべてのタロットの読み手が自分自身のためにリーディングを行っていることがわかります。さらに、本書に収められた個々のカードのためのリーディングスプレッドを見れば、それらの多くが「私は何を学べるでしょう？」といった具合に、自分自身を占うように書かれていることにも気づかれるでしょう。

シャッフルなどカードの扱い方に、特別なルールはあるのでしょうか？　イエス、たくさんあります。うんざりするほどたくさんの「ルール」がありますが、それに従う必要はありません。様々なタロットの本や先生が、どこに座り、何を言い、何を着て、リーディングの前に何を食べて飲むべきかまで教えてくれるでしょう。けれども、要するにカードを理解し、理解したことを質問者に伝える、あなた自身のやり方を見つければいいのです。では、いくつかの「ルール」を実際に見てみましょう。

✳――――カードを触ってよいのは誰？

あなたのカードをシルクで包んだり、特別な箱に入れておく必要はありません。多くの熟達した読み手たちは、単にカードを買った時の箱にしまっています。一方、伝統的な美しいカード包みや入れ物に凝る人もいます。

同様に、あなたのカードを誰にも触らせないようにする必要もありません。自分のデッキは自分のエネルギーだけに触れさせて「ピュア」に保ちたいから、他人に触らせないという読み手がいます。私の場合はちょうどその逆に、リーディングに臨む質問者にシャッフルしてもらい、彼らのエネルギーがカードに流れ込むのを好みます。あなた自身が、ともかく自分のカードは自分だけが触れるべきだと感じるなら、その直感に従いましょう。誰かのためにリーディングを行っている時でも、自分自身でシャッフルし、裏向けのままテーブルにカードを広げ、質問者に１枚ずつ指差してもらって、スプレッドに必要なカードを揃えることができます。

さてここで、タロット界の辺境をさまよう旅で、あなたが出会うであろう最も奇妙な考えについて検討してみましょう。それは「自分のタロットカードは盗むか、あるいは別の方法で、購入しないで入手するべきだ」というものです。この奇怪な考えがいつどこで生まれたのか、私にはわかりませんが、ともかくそれが真実ではないことは確かです。私は1970年に、最初のタロットデッキをワクワクしながら見つけて、購入しました。そして奇妙なことに、実際それは誰かに盗まれてしまったのです！　私はすぐに新しいデッキを購入しました。今では私は数百を超えるタロットデッキを所有していますが、そのうち、盗んで手に入れたものは１つもないことを、ここで報告できる幸せに打ち震えています。

✳———逆位置について

あなたが出会うであろう別のルールに、リーディングでは常に「逆位置を採用しなければならない」、あるいは逆に「逆位置は採用してはならない」というものがあります。逆位置とは、カードを裏向けてシャッフルすることで、いくつかのカードの絵柄が上下逆になって現れることを指します。

私のタロットに関する著作では、私は常に逆位置の解釈を付記してきました。それには２つの理由があります。第一に、ウェイトが彼の100年前の著作『タロット図解』で逆位置の解釈を書いているからで、それに逆らうような私はいったい何様だ、ということです。第二に、逆位置はカードの意味に微妙な変化をもたらし、多くの人はそれを好むからです。ともかく、ある人は逆位置を使いませんし、私自身も時々、逆位置を使わない時があります。逆位置を使いたい時は、質問者にシャッフルしてもらって上下逆に現れるカードが混じるようにすればよく、逆位置を使いたくないなら、逆になって現れたカードを正しい向きに置き直すことを躊躇する必要はありません。

✻———シャッフル、めくり方、ムードについて

この件に関連しますが、カードをシャッフルする方法に唯一の正解があるわけではなく、またカードのめくり方についても同様です。ルールを愛する人々は、あなたに唯一の正しいカードの混ぜ方を教えてくれるでしょう。しかし実際のところ、私はありとあらゆるやり方でカードをシャッフルしますし、質問者にシャッフルしてもらうことだってあります。それで何も問題はありません。

正しいシャッフルの方法を主張する人は、しばしばカードの正しいめくり方についても定めていることがあります。どんな方法でも、あなたにとって正しいと感じられる方法でめくればよいでしょう。ただ、多くのリーダーが、どのカードも同じ方法でめくるよう気をつけていることも知っておきましょう。

カードを並べる際、「スプレッドクロス」（タロット専用の敷き布）を使う必要はありませんが、しかし、これを使うのもまた楽しいことです。スプレッドクロスは、リーディングを行うテーブルを覆う美しい布で、平凡なテーブルを日常から切り離し、リーディングの雰囲気を盛り上げてくれます。他にも、キャンドルを灯《とも》したり、特別なオブジェを置いたり、導きを請う短い祈りを朗唱する人もいます。それらはどれも「必要」というわけではありませんが、自分自身の深い直感を呼び覚ます助けとなってくれるでしょう。

✳―――リーディング

多くの人が主張するルールに、「リーディングを行う前に、すべてのカードの意味を暗記しなければならない」というものがありますが、これは実際には、あなたがカードに熟達することを妨げる可能性があります。私の場合は、片手にカード、もう片手にイーデン・グレイの解説本を準備して、すぐにリーディングを始めました。そうして行ったリーディングの中には、かつて行った中でも最もパワフルだったと言える体験もあります。すべてのカードの意味をあらかじめ覚えてしまおうとすれば、それはカードの絵柄を無視して、決まりきった解釈をただ繰り返し唱えるだけ、という傾向を強める危険があります。

さらにひねった見方をしてみましょう。その場にいない人や、また占われていることを知らない人についてリーディングを行うことはどうでしょう？　これはしばしば、質問者がタロットの読み手にまさに求めていることでもあります。「私はボーイフレンドに騙されている？」「娘は大学でうまくやっているかしら？　彼女はセックスしたり、麻薬に溺れたりしていないかしら？」といったふうに。

タロットの読み手にとって、この種の質問には2つの懸念が含まれます。第一に、それは倫理的とはいえず、一種のスパイ行為である、ということです（私は最近思うのですが、もしあなたがタロットを使う私立探偵であり、誰かがあなたにタロットによるこういった調査を依頼した場合ならOKかしら？）。第二に、ボーイフレンドや娘さんがその場でカードを混ぜていないのであれば、リーディングはその人たちが実際に行っていることよりもむしろ、質問者の不安を強く反映するかも知れない、ということです。

✳――――サイキック能力は必要か？

さて次は、真に大きな問題です。タロットカードを読むために、サイキックな能力は必要でしょうか？　多くの人はタロットの読み手をサイキック(超能力者)と混同しています。ですので私はリーディングの依頼を受ける時、事前に依頼者に「私は超能力で予知をするわけではありませんよ」と伝えるようにしています。そのようなサイキックともいえる直感がリーディングから得られる場合もありますが、私はまず質問者を取り巻く状況と選択、そして彼らが感じているエモーショナルな、あるいはスピリチュアルな真実を重視します。さらに言えば、私はカードを読むのであり、人を読むのではありません。

もちろん、サイキックもまたタロットリーディングを行います。カードの絵柄は彼らの深い部分を刺激し、そこからサイキックなメッセージを汲み出す助けとなります。カードの深いシンボリズムを気に留めないサイキックもいますが、驚くべき数のサイキックたちがタロットの複雑な伝統に夢中になっています。

実際、タロットを使ってあなたの直感能力を鍛えることができます。カードを読むときは、どんな閃《ひらめ》きやイメージに対しても心をオープンに保ってください。無理に押し付けよう、引き出そうとせず、それが訪れるがままにさせるのです。そして、それらを表現してみましょう。どこでもない場所からやってきたそれらの閃きを表現する時、ばかげたことやつじつまの合わないことのように聞こえることを恐れないでください。最近気づいたのですが、タロットの読み手たちがお互いのサイキックな瞬間のエピソードを話している時、彼らはよく「なぜそう思ったのか、自分でもわからないのだけど…」とか「これがどういう意味なのか、わからないのだけど…」という言い方をします。

こういったプロセスは、完全にミステリアスであるというわけではありません。あなたが『ソードの9』を眺めて、そこに描かれたベッドで泣いている女性から怯えている子どものイメージを感じ取ったなら、「子どもの頃に、何か怖い出来事があった？　その時、とても孤独を感じた？」と問うでしょう。ここで重要なのは、あなたのサイキックな能力を見せびらかすことではなく、過去のその体験を注視することです。その体験はどんな影響を及ぼしたのでしょう？　なぜ今、それが浮かび上がってきたのでしょうか？

一見サイキックに見える予知も、単純にカードから読み取れるものです。新しい恋を求めている女性のリーディングで、ケルティッククロス・スプレッドの「近い将来」の位置に『カップのナイト』が現れたら、「誰かが新たにあなたの人生に登場しようとしています。彼はロマンティックな夢想家で、自分勝手な面もあるかもしれません」となるでしょう。法律問題に関するリーディングで『11.正義』と『ソードのキング』が現れ、しかし逆位置であったなら、不公平な判決を警戒することになるでしょう（こういったリーディングの一例は、逆位置の便利さを示しています）。

こういった予知をやってみたいのなら、可能であれば後日、実際に物事がどうなったのかをチェックしたくなるでしょう。一方で、あなたのリーディングがいかに「正確」であるかについて、過剰に執心するべきでもありません。リーディングは質問者のものであり、リーダーのものではありません。

＊────スプレッド

スプレッドはタロットリーディングの基本単位です。最も単純な質問に対し、１枚のカードをめくるだけでも、それもスプレッドといえます。実際、あるリーダーたちは大なり小なりランダムに、何かがしっくりくるまでカードをめくる、といったことを行いますが、多くの人にとってスプレッドは問題を理解し、カードが何を伝えようとしているのかを把握する助けとなります。世界中に数百の、あるいは数千種類ものスプレッドが存在し、今も日々、新しいスプレッドが生まれています。タロットのオンラインフォーラムをのぞいてみれば、たくさんのスプレッドと出会うことになるでしょう。「仕事」「恋愛」といったふうにグループ分けされたスプレッドだけの著作も出版されてます。

ここで紹介するスプレッドは、私自身の40年間の経験から生まれたものです。あるものはより伝統的で、あるものは私が創案したもの、あるいは知人から教えてもらったものです。個々の大アルカナカードに添えたスプレッドとともに、幾つかのスプレッドは私の著作『タロット・ウィズダム（Tarot Wisdom）』に収録されたものですが、本書に再録するにあたってより便利に使えるように改変しています。

最もシンプルなスプレッドは、１枚のカードと１つの質問によるものでしょう。すなわち「今、何に気をつけるべきかしら？」というものです。多くの人が、カードをより深く知るためにこのスプレッドを毎日行っています。このリーディングからは、ある方向性、示唆を得ることができますが、それがどんなものであれ、その日だけのためのものとなります。カードの学習方法としてこれを試してみるのなら、現れたカードと、なんであれその解釈を書きとめておき（何も解釈が思い浮かばなければ、それでもよいでしょう）、一日の終わりに眠りにつく前に再びカードを見直して、その日にあった出来事と何かしらの関連性があるかを調べてみるのがよいでしょう。例えば『16.塔』が現れたなら、短絡的に「なにか恐ろしいことが起こるかも」と決めつけないでください。それはもっと単純に、上司が急な締め切りを知らせてくる、といったことを意味するかもしれません。

2カード・スプレッド

２枚のカードは時に、対立する一組、という感覚を伝えてきます。結果的に、多くの人は双方をつなぐものが何かを読むために、３枚目のカードを加えます。ともかく、多くの２カード・スプレッドのバリエーションがあり得ます。

◆あなた – 他の誰か（パートナー、子ども、親、同僚など）

選択肢１ [1] – [2] 選択肢２

選択肢が明確な時には、それぞれにおいて重要なものが何か、をカードから読みとることができるでしょう。その時、「どちらが良いか」ではなく「それぞれについて知っておくべきことは何か」をカードに尋ねているのだ、ということを忘れないでください。

過去の行為 [1] – [2] 現在の結果

これは何回でも繰り返し行って、様々な過去の行為について読むことができます。その場合でも、それは基本的に２カード・スプレッドが繰り返されているだけなのです。

✻―――3カード・スプレッド

私たちは皆、(たとえ両親がわからない場合でも) 父と母の遺伝子の混合によって生まれてきています。故に、3という数字は私たちにとって自然に感じられるのです。幾つかの3カード・スプレッドは、単に2カード・スプレッドにもう1枚、追加しただけです。例えば、先述の「過去の行為－現在の結果」スプレッドにもう1枚加えてみると、

1　　2　　3

過去の行為－現在の結果－あり得る未来

となります。これは最も有名な3カード・スプレッド、「過去－現在－未来」のバリエーションですが、決定された過去の宿命や、変えることのできない未来の代わりに、私たち自身の行為と、そこから導かれるあり得そうな未来、という趣で解釈し、絶対的な予言として占うものではありません。

✻―――選択肢スプレッド

3カード・スプレッドは、選択肢を検討する助けになります。まず中央に、現在の状況を表すカードを1枚置き、続いてその両側に選択肢を示すカードを置きます。カードを並べる時、2-1-3の順番ではなく、1-2-3の順番に並べることに注意してください。

1

カード1

2　　3

カード2　　カード3

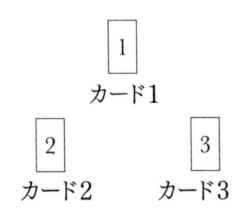

これらはそれぞれ、以下を表します。

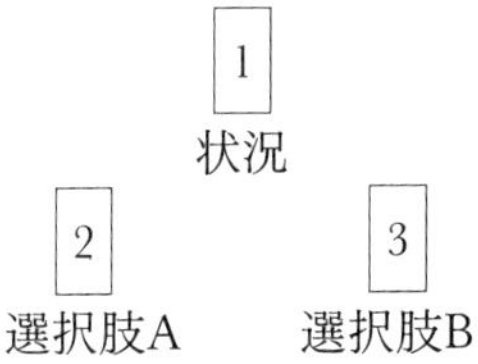

このスプレッドは、実際の選択肢を検討する際にとても役立ちます。最もよくあるケースは、２人の恋人についての検討でしょう。中央のカード１は、今のあなた自身の気持ちについて、またあなたが恋愛において何を重視しているか、を表します。『15.悪魔』であればセックスを、『カップの10』であれば家族を、それぞれ意味するでしょう。この中央のカードが、選択肢の検討を助けてくれます。選択肢Aは、一方の恋人を選んだ場合にどうなるか、選択肢Bはもう一方、という具合に。 選択するのはあなたであり、カードはただそれらをよく見ることを助けているだけ、という点を覚えておいてください。

このスプレッドにさらにカードを加えて、さらに多くの選択肢や、それぞれの選択肢に続くより長期的な「結果」を読むことができます。

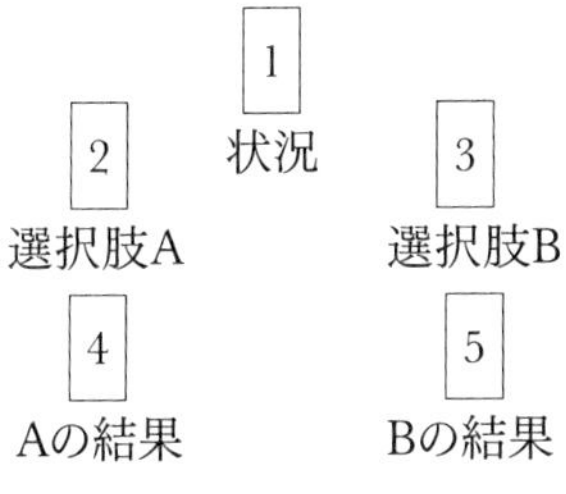

「する／しない」スプレッド

このスプレッドはタオイストであるゾー・マトフ氏によるものです。私が個人的に非常に役立つものと感じているもので、日々のスプレッドとして活用しています。同様に中央にカード１から並べていきます。

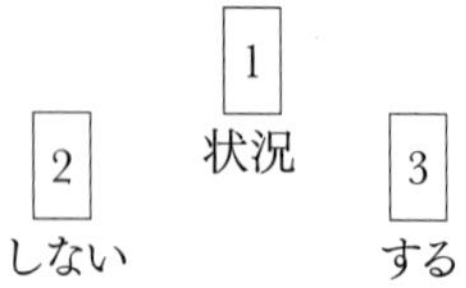

中央のカード１は、基本的なテーマを表します。日々のスプレッドであれば、その日起きていること、となるでしょう。特定の質問がある場合は、質問におけるある重要な側面を表します。

左のカード２は、避けるべき何かを表します。それはしばしば、したいと思っている何かである場合があります。例えば、誰かとモメている時に、私は相手に電話して全てを解決してしまいたい、と思います。もしカード２に『カップの３』が現れたのなら、そういった作為的な試みで問題を遠ざけようとしないほうがいい、ということになります。右のカード３は、状況を改善する助けとなる何かを表します。

私は重要な判断を下す際、このスプレッドを行ってきました。デリケートな状況をうまく誘導したい時、人間関係における緊張、クリエイティブなプロジェクトに関するガイドを得るため、、、カードを眺め、カードがその瞬間に何を私に伝えようとしているのかを感じている時、私はまさにリーディングを行っている、という気分になります。

ある時、日々のスプレッドとして、次ページのようにカードが並びました。

状況：『16.塔』

しない：『7.戦車』

する：『ソードの7』

その時、私の日常には何ら破壊的な状況は見受けられず、『16.塔』が何を意味しているのかがさっぱりわかりませんでした。ですので、すっかりこのことを忘れてしまいました。後日、私は愛犬ワンダーと一緒に散歩に出かけました。田舎とはいえ、大きな道路に面していた家に住んでいたので、私はワンダーを車に乗せて、往来を気にする必要のない静かな場所まで出かけることを常としていました。

ワンダーは賢く人懐っこい犬でしたが、いわゆる「対犬攻撃性」を持っており、他の犬とよく喧嘩することがありました。ですので私は彼女をリードにつなぎ、野良犬が向かってくるのを避けるよう注意を払っていました。その日、静かな道を歩いていて、ある家の前を通り過ぎた時に突然、獰猛《どうもう》そうなジャーマン・シェパードが2匹、私たちに向かって興奮した様子で現れました。私は2匹に向かって大声を上げると同時に、彼らに食って掛かろうとするワンダーを制止し、その場を離れなければなりませんでした。

さて、ここでジレンマに陥りました。家に帰るためには先ほどの家の前を再び通らないといけないけれど、またあの2匹のジャーマンシェパードが襲ってきたら？　私は勇敢にも苦難に立ち向かい、あの家の前を高らかに行軍してやり過ごそう、と考えましたが、その時ふと、リーディングのことを思い出したのです。2人の人物が頭から落下している『16.塔』

は、まさにあの２匹の犬のいる家のことでした。私がとろうとしていた行動は、強靭で意志の強い『7.戦車』でしたが、リーディングはそれを「しない」の方に示していました。そのかわり、リーディングは「する」の方に『ソードの７』、つまりより穏便な、幾分か卑劣な方法を示していました。私は問題の家から遠く離れ、そこでしばらく過ごしてから、素早く車に戻って事なきを得たのでした。『7.戦車』のように振る舞っていたら、どんな災厄が待っていたか知るよしもありませんが、カードがそれを「しない」ように警告してくれたことをありがたく思います。

※———3カード・恋愛スプレッド

これは恋愛関係に特化した3カード・スプレッドで、最終カードが中央にくるタイプのものです。

このスプレッドは、２人の人物に同席してもらって行えます。リーダーがデッキをシャッフルし（こうすることで、どちらの人物もカードへのエネルギー的な影響を気にしなくて済むでしょう）、カードを広げます。人物ａは自分の行動、または態度を示すカードを１枚選び、人物ｂにも同様に選んでもらいます。最後にリーダーは、中央に置かれる、２人の関係を表すカードを選びます。

✳︎———より多くのカードを使ったスプレッド

３枚以上のカードを使ったスプレッドとなると、可能性は無限大になります（あるいは上限の78枚まで広がりますが、別のデッキを加えてそれ以上の枚数を使うこともできます）。数年前にGoogleで「タロット・スプレッド」の語を検索した時には、10万1,000件の検索結果がヒットしましたが、今試してみると36万件がヒットしました。そのうち、私が便利だと思ったものをここで紹介します。

✳︎———ドアウェイ・スプレッド

このスプレッドは、私のティーン向けの著作“Seeker”のために独自に創案しましたが、多くの大人たちにとっても有用だと評価いただいたものです。個々の出来事を重視する代わりに、私たちが誰であり、私たちのテーマとは何かを、特に重要な選択との関わりで読みとるスプレッドです。自分自身を占う時にも便利でしょう。５枚のカードを以下のように並べます。

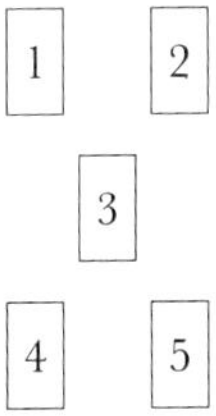

１.何があなたを刺激する？

あなたの心の琴線に触れるもの、あなたの人生をエキサイティングに刺激するもの、あなたを意義ある行動に駆り立てるもの。恋愛についての質問であれば、相手のどんなところがあなたを惹き付けているのか。

2.何があなたに挑んでいる？

あなたが困難や恐怖を感じること、２人の関係性において何があなたを悩ませ、躊躇させているか。あるいは、あなたが挑もうとしているチャレンジを表しているかもしれません。

3.どんなドアがあなたに開かれている？

これが最終結果としてのカードです。どんな可能性があなたの前に現れているか。チャンスをつかんだときに、何が変化するのか。

4.あなたが負うリスクは？

可能性は常にリスクの要素を内包しています。新しい仕事、新しい関係、それらは素晴らしいものですが、それによって失うかもしれないものも検討するべきです。恋愛に関するリーディングでこの位置に『9.隠者』が現れたなら、その関係においてあなたは『9.隠者』のように、自分自身の人生を孤独にコントロールしなければならない、という感覚をリスクとして負うことになるでしょう。この位置のカードはあなたに「何をすべきか」を示すのではなく、あなたが確実に何かを失うと示すわけでもありません。ただ、何か一筋縄ではいかない要素を示しています。

5.何を見つける？

このドアをくぐった時に、なにが起こるか。このカードは、あなたの人生のスナップショットのような見通しを提示します。『21.世界』なら大きな成功が期待されますが、『15.悪魔』がここに現れたら？　これまで熟考してきたすべてに背を向けて引き返しますか？ おそらく『15.悪魔』は、ドアをくぐった時、ある積年の問題が明らかになるということであり、そして今こそそこから自分を解放するべき時なのだ、と言っているのでしょう。

Dr.アポロのなんでもスプレッド

多くの人に高く評価されている5カード・スプレッドをもうひとつご紹介しましょう。「Dr.アポロ」は私が考案したキャラクターで、参加者がある魔術的な力を持つ占い師に演劇的になり切ってみる、というワークショップで誕生したものです。そんな占い師がカーニヴァルで使うような、ドラマティックなスプレッドを創案してみました。その結果は、幾人かの人がすべてのリーディングをこのスプレッドで行っている、と言ってくれるものとなりました。以下のようにカードを並べてください。

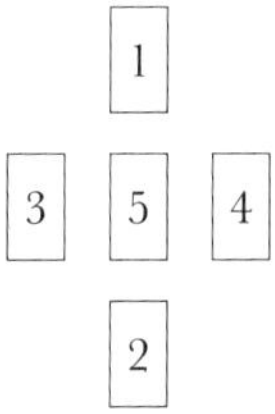

さて、これらは「問い」です。下記の解説に感嘆符（！）が付いていることに注意してください。Dr.アポロは私たちに、よりドラマティックな解釈を求めています。

1.知られしものよ！

これは質問者が認識はしているものの、もっとよく注意して見直してみるべき何かを表しています。

2.知られざるものよ！

これは質問者が認識していないけれども、学ぶ必要がある何かを表しています。

3.危うし！

質問者が極めて用心するべき何かを表しています。

4.幸運よ！

状況から引き出すことができる、有益な、あるいはパワフルな何かを表しています。

5.アクション！

ほとんどのリーディングが「何をするべきか」を明確に教えてくれないのに対し、Dr.アポロは鋭く単刀直入な指示を与えることに躊躇しません。なぜこのスプレッドが人気なのか、このカードからきっとお分かりになるでしょう！

※――ケルティッククロス・スプレッド

これは世界で最も有名なタロット・スプレッドであり、ウェイトの著作で紹介されて以来、数えきれないほどのバージョンが繰り返し紹介されてきたものです。基本構造はどれもおおよそ同じですが、カードを並べる順番（たとえば、3番目のカードがどの位置になるか）は著者によって様々に異なります。ここで紹介する順番は、イーデン・グレイによって紹介されたものです。

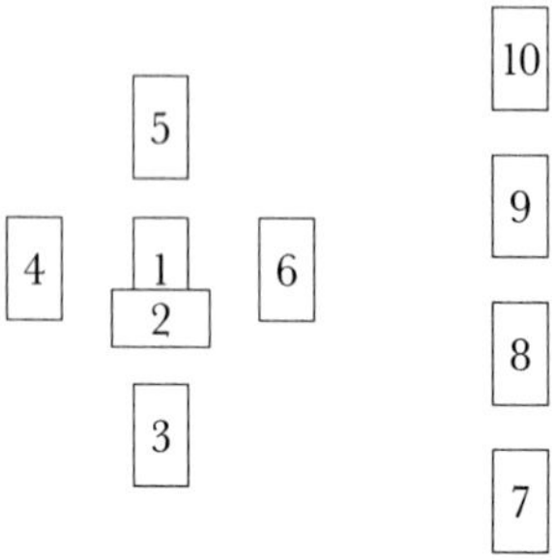

カード1：十字の中心に置かれ、包括的な問題や状況を表します。ある人は、ウェイトの記述「これは彼を包む This covers him」から、このカードを「カバーカード」と呼びます。

カード2：カード１を水平に横切るように置かれます。伝統的に、このカードは「反対物」のカードと見なされ、カード１に対して反発するように働く力を表します。実際には、カード１とカード２は協同して働くのでしょう。この最初の２枚のカードは時に「小クロス」と呼ばれます。

カード3：最初の２枚の下に置かれ、問題の「根」を表します。普通は過去の経験や、現在に影響を及ぼしている過去の人生を示しています。

カード4：中央の「小クロス」の左に置かれ、過去、しかしより「最近」の、深く根ざしていない過去を表します。既に終わったことや、消え去ろうとしている何かを表します。

カード5：「小クロス」の上に置かれます。このカードの意味は人によって異なりますが、私はこのカードを「可能性」と見なし、ものごとが大局的に向かいつつある方向として読むのが有効だと考えます。もし「結果」のカードがこの「可能性」のカードと大きく異なっているようなら、他のカードを見渡して、どこで変化が起こっているのかを検討してみましょう。

カード6：「近い将来」を表します。この状況から、次に起きる出来事は何でしょう？ このカードがあくまで一時的な状態を示すものだということに注意してください。好ましいカードなら、それに向けて最善を尽くしましょう。問題のあるカードなら、それは長くは続かないことを思い出してください。

続いて、右に並べられた４枚のカード、「杖」あるいは「柱」を、下から上へと読みます。

カード７：「自己」を表し、状況に対して質問者の関わり方を示します。

カード８：「他者」を表し、他者からの影響を示します。このカードは、パートナーなど特定の人物からの影響、あるいは環境一般からの影響を表す場合もあります。キャリアに関するリーディングの場合、私はこのカードを相談者がコントロールできない経済的状況（仕事の先行き見通しなど）としてみる場合があります。

カード９：「希望と恐れ」を表します。相談者にとって、このカードは（他のカードとの関係で示唆されない限りにおいて）実際に起こる、あるいは起ころうとしている出来事を表すのではなく、ある種の態度や、幻想を示しているということを理解しておくことは、とても重要です。

カード10：いよいよ、カード10、「結果」のカードにたどり着きました。この最後のカードが示すのは決定的な予言でも、前に出たカードの全ての影響の結果ですらもありません。そこに現れているものを掘り下げ、カード３「根」やカード７「自己」やカード４「近い過去」、そしてその他のカードが、どのようにこのカードの示す結果に向かって動いていくのかを読み取ります。これは絶対的な予知ではありません。それはただ、「全てのものごとは、ここに向かっている」と言っているだけなのです。他のカードから得た学びを使って、好ましくないものを変化させたり、望ましい出来事に向けて助力したりすることができるのです。

✻――――イメージを愛する

私はこの言葉を、私のタロットに対するアプローチを説明するものとして、30年以上にわたり使ってきました。タロットについて書かれた無数の言葉や、どれほど完全無比な定理も、結局はカードの絵柄、イメージを語り尽くすことは出来ません。イメージを愛するということは、カードをめくる度に毎回、新鮮な眼差しでイメージに見入るということです。今日はどんなふうに見えるのでしょう？ 今この瞬間、カードはあなたに何を見せ、語りかけているかしら？ ひとつの良い方法は、リーディングに現れたカードの中から１枚を選び、すぐにその解釈に取りかかるかわりに、ふと目に止まった細部をじっくりと見てみることです。それは『9.隠者』のランタンを掲げる手でしょうか？『0.愚者』のバッグに描かれた鷲の頭でしょうか？ あるいは『ソードの６』の小舟の右側の波紋かもしれません。それらが言葉をしゃべれるとしたら、あなたに何を語りかけるでしょう？

質問者を前にしたリーディングでは、カードの中に彼ら自身を探させてみてください。これは『ソードの５』や『ペンタクルの６』のような、複数の人物が描かれているカードが現れている時に、特に有効です。

タロットは、愛するように、読むのです。

✻――――更なる研究のために

タロットそれ自体が、最良の教師です。以上。 カードの絵柄を見つめるだけで（特にスプレッドの中で）、精神は新しいアイデアに、心は感情の深みへ、スピリチュアルな気づきへと開かれていきます。しかし一方で、膨大な歴史と伝統もまたカードの周囲に積み上がっています。タロットはそれ自体はたかが600歳ほどに過ぎませんが、そのシンボリズムが負っている神群、観念、実践は、数千年も遡れるものです。タロットについての熟考と研究の途上では、カバラ、錬金術、占星術、ギリシャやインド、エジプトの神話群、キリスト教神秘主義、量子物理学と相対性理論、そしてさらに多くのテーマと出会うでしょう。どこまで手を広げるかは、あなた次第です。これらを何一つ研究しなくても、タロットを読むことはできます。結局のところ、タロットそれ自体が、最良の教師なのですから。

本書は「初心者向け」の入門書として構成されていますが、実際のところ、私の40年以上にわたる研究、指導、個人としての、またプロフェッショナルとしてのリーディング実践から蒸留・抽出されたものです。本書に取り組む前に、私は逆のやり方、すなわち40年間に私が学んだすべてを、細部にわたって並べてみるという試みを行いました。本書の読者で、さらに先に進んでみたいと思う方には、私の前著『タロット・ウィズダム（Tarot Wisdom）』をお薦めします。

ウェイト版を理解する上で避けて通れない著作は、もちろん、ウェイト自身の『新・タロット図解』（翻訳：シビル岡田／魔女の家BOOKS）です。タロットとカバラの深いつながりを探求してみたいのなら、私の著作『The Kabbalah Tree』や、ロバート・ウォンの『The Qabalistic Tarot』など、多くの詳細な著作があります。タロット教育団体Builders Of The Adytum (BOTA) の極めて充実した通信教育コースを検討したい方もいるでしょう。BOTAは、様々な意味でウェイトの継承者と言える、ポール・フォスター・ケイスによって創立された団体です。また、オリジナルの「黄金の夜明け団」が消滅して以来100年が過ぎますが、その教義とメソッドを受け継ぐ多くの活発な支流団体が存在します。

他のあらゆる物事と同様、今日ではタロットに関する膨大な資料をインターネット上に見つけることができます。それらは常に変化しているので、ここでは特定のフォーラムや単なる占いサイト以外のウェブサイト、研究グループを列挙することは控えますが、Googleで“Tarot”あるいは“Tarot Discussion”と検索すれば、めくるめく可能性の世界に自力でアクセスできるでしょう。ざっと見渡して、気になるものから手をつけてみてください。

タロットは、78枚のカードとその無限のコンビネーションによって、果てしなく連なる扉です。その扉を開けて、あなた自身の叡智へと歩みだしてください。

訳者あとがき

本書はレイチェル・ポラック『The New Tarot Handbook』の全訳です。訳業としては、前作『タロットワークブック あなたの運命を変える12の方法』(メアリー・K・グリーア:著、鏡リュウジ 監訳、現代タロット研究会 翻訳、朝日新聞出版発行)に続いて、現代タロット研究会がお届けする「モダン・タロット・クラシック」シリーズの第2弾となります。

著者レイチェル・ポラックは、タロットに関する膨大な著作に加え、SF、コミックの世界でも輝かしい業績と大きな影響力を持っています。また自身トランスセクシャル(性転換者)の女性であり、女性スピリチュアルムーブメントのオピニオンリーダーでもある、まさに現代のマジカルキャラクターと呼ぶにふさわしい存在です。タロットに関する深い学識と、カバラ、神話学、文化論に関する広汎な知をまとめ上げた名著『タロットの書 叡智の78の段階(原著名:Seventy-Eight Degrees of Wisdom)』(伊泉龍一訳、フォーチュナ発行)は、1998年に出版されて以来、モダン・タロット・クラシックの一冊として参照され続けています。

本書は、前掲『タロットの書 叡智の78の段階』と、その拡充版とも言える2008年発行の『Tarot Wisdom』に続き、2011年に出版された彼女の最新のタロットワークです。ここでは彼女は、前掲2書とは趣を異にし、シンプルに、コンパクトにまとめた「入門書」の体裁で、その広く深い学識と経験を素晴らしくジェントルなタッチで、優しく読者に差し出します。著者自身のイントロダクションにもあるように、これは「現代タロットの母」故イーデン・グレイに捧げられたオマージュであり、読んで覚える知識よりも、カードそのものと向き合い、体験するタロットへと読者を誘う、レイチェルの、グレイの意志の帰結点といえるものとなっています。

レイチェルがはじめてタロット、そしてイーデン・グレイの小さな本と出会った時に、その胸に花開いた「ときめき」を、現代の読者へギフトとして贈り届けること。それこそが、彼女の意志であり、任務であったのでしょう。平易で優しく、それでいて40年間のタロット研究・実践の精髄が蒸留され浸透した、美しい結晶体のような文体で、彼女はすべてのタロティスト、そして未来のタロティストである少年少女たち(実際の年齢は問いません！)に語りかけます。曰く「タロットは、愛するように、読むのです」と。繊細な眼差しで、「愛するように」カードを見つめ、そこに広がる風景、風のささやき、水面に揺れる波紋、小鳥の羽音、そして様々な人生を生きる不思議な人物たちの息づかいへと、読者の注意力が惹き付けられていきます。読者は、本書を傍らにリーディングをしてみるだけでなく、旅先に空いたつかの間の時間に、続きもののおとぎ話を読むように読み進めたり、あるいは本占いとして、パラパラとめくって偶然開いたページの不思議な風景に遊び入ってみたりと、様々な楽しみ方をすることが許されています。魔法によって永遠に停止させてしまった午後のティータイムのような、その静かな語らいは、初心者のみならず全てのタロティストが、生涯を通じて何度も読み返し、常に新たな発見をそこから汲み出すことができるでしょう。

また、本書は現代タロット研究会の前訳書であるメアリー・K・グリーア著『タロットワークブック』と、鮮やかな対照性をみせています。息を飲むような斬新なアプローチで、タロットに関する固定観念を覆し、徹底して「自分自身のためのツール」としてタロットを活用する覇気とアイデアに溢れた「タロットワークブック」と、伝統的なウェイト版を静かに見つめ、そのこまやかな吐息に耳を澄ませ、瞑想的なタロット時空を遊歩するための小さなガイドブックのような本書。この２冊は互いに補いあうように、現代タロットカルチャーの芳醇なエッセンスを伝えています。

訳出にあたって、レイチェルの他の著作、つまり評価の定まった『タロットの書 叡智の78の段階』(2014年日本版刊行)でも、壮麗なタロット宮殿のような『Tarot Wisdom』でもなく、最初にこの2011年刊行の小さなハンドブックに白羽の矢が立った理由の一つがここにあります。日本の読者に向けて、この２書をもって「現代タロット」の扉のいくつかでも開くことができたとしたら、それは現代タロット研究会のワークの一つの達成と呼んで差し支えないでしょう。

最後に、この美しい小本に、蛇足ながらささやかな「おまけ」を付け加えておきます（294ページ）。本書はカードそのものに向き合い、その語りかける声を聴くという体験に捧げられていますが、この小径の続く先には、287ページ「更なる研究のために」で述べられているように、広大な象徴の庭園が広がっています。こういった「知識編」への手がかりとして、またリーディング実践に役立てることができるかも知れないTIPSとして、「黄金の夜明け団」の教義に基づく小アルカナ、コートカード、７惑星と12宮の照応表をまとめました。この教義自体は既に広く出版公開されているものですが、西洋占星術の象徴体系と併せて一望できる図表としてまとめられたものは存外に少なく、収録した図表は私自身が個人的用途のために描き起こしたものです。この図表は一見複雑そうに見えますが、よく見るととてもシステマティックに、合理的に、各カードと占星術の象徴が照応づけられていることが読み取れます。その仕組みを読み解き理解せずとも、リーディングの傍らに参照して惑星と12宮のニュアンスを小アルカナの解釈に付加することができますし、この図表を解読してみようという向きには、パズルのような感覚で楽しんで頂けるでしょう。付言として「春分点では火の勢いが強くなる」という、とんちのような辻褄合わせが、当時の「黄金の夜明け団」では語られていた、と述べておきます。

2012年 ソーウィン
現代タロット研究会 BVA

小アルカナ
占星術シンボル照応チャート

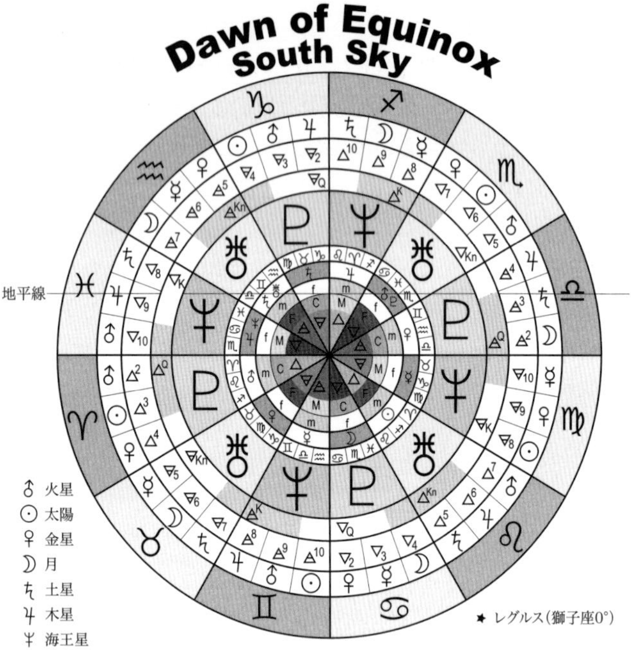

♂ 火星
☉ 太陽
♀ 金星
☽ 月
♄ 土星
♃ 木星
♆ 海王星
♇ 冥王星
♅ 天王星

♈ 牡羊座
♉ 牡牛座
♊ 双子座
♋ 蟹座
♌ 獅子座
♍ 乙女座
♎ 天秤座
♏ 蠍座
♐ 射手座
♑ 山羊座
♒ 水瓶座
♓ 魚座

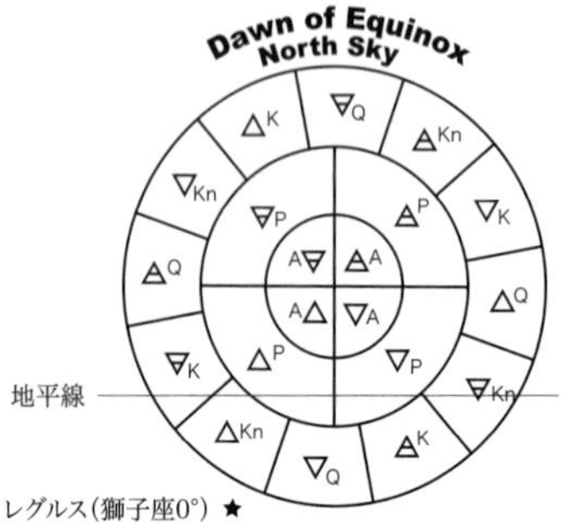

△ ワンド
▽ カップ
🜁 ソード
🜃 ペンタクル

K=キング
Q=クイーン
Kn=ナイト
P=ペイジ

A=エース

このチャート図は、伝統的な西洋占星術の惑星と十二宮に、タロット小アルカナ56枚を照応させた図です。タロット照応については「黄金の夜明け団」のタロット関連文書「Tの書」および「《生命の樹》立体天球投影法」におけるマクレガー・メイザーズの記述に基づいています。

ここでは2極（男性 [male] ／女性 [female]）、3相（活動 [Cardinal] ／固定 [Fixed] ／柔軟 [Mutable]）、4元素（火／水／風／地）、7（＋3）惑星、十二宮という、西洋の基本象徴が空間的・時間的にマッピングされ、その理路整然とした関係が一望のもとに見渡されています。

また「黄金の夜明け団」では、これら象徴を観念的なホロスコープ図上だけでなく、実際の星空に投影・照応する教義を持っていました。そのことは、十二宮区分の開始点を春分点、牡羊座0°とするのではなく、獅子座の恒星レグルスを獅子座0°とする点、南半球と北半球を区別して前者に小アルカナ2～10、後者に4枚のエースとペイジを配置する点などに特徴づけられています。

このチャートから、タロティストは何を得られるでしょうか？

たとえば、小アルカナそれぞれのカードに惑星と宮のニュアンスを付加してリーディングに深みを増したり、コートカードの人物像に占星術的なキャラクター付けをするなど、可能性は無限大と言えるでしょう。また、2極／3相／4元素／7（＋3）惑星/十二宮が描く緻密で美しい宇宙に、現代タロットのシンボリズムを生み、育んだ子宮を見ることもできるでしょう。

パズルを読み解く感覚でこのチャートの「仕組み」を読み解き、そこからあなた自身の解釈と応用を、自由に引き出してください。

BVA

✣――――著

レイチェル・ポラック (Rachel Pollack)

詩人、小説家、タロット・カード・アーティストであり現代タロット解釈の世界的権威。『Unquenchable Fire』(アーサー・C・クラーク賞)、『Godmother Night』(国際ファンタジー賞)などの小説で受賞作品を持つ。タロットに関する著作は30冊以上に及び、世界14カ国で翻訳されている。なかでも『タロットの書 叡智の78の段階』(伊泉龍一訳、フォーチュナ)は「タロット・リーダーのバイブル」として高い評価を得ている。タロット・デッキである「シャイニング・トライブ・タロット」の作者。ニューヨーク/ハドソン・バレー在住。

✣――――監訳

鏡リュウジ (かがみ・りゅうじ)

1968年、京都生まれ。国際基督教大学卒業、同大学院修士課程修了(比較文化)。心理占星術研究家・翻訳家。平安女学院大学客員教授。京都文教大学客員教授。英国占星術協会、英国職業占星術協会会員。日本トランスパーソナル学会理事。
著書に『鏡リュウジ 星のワークブック』(講談社)、『オルフェウスの卵』(文藝春秋)、訳書にヒルマン『魂のコード』(河出書房新社)、クンツ『宝石と鉱物の文化誌』(原書房)、監訳書にグリーア『タロット ワークブック』(朝日新聞出版)ほか多数。
http://ryuji.tv　https://twitter.com/Kagami_Ryuji

✣――――翻訳

現代タロット研究会

江口聖子　翻訳/ヒーリング・プラクティショナー　http://hiyoko-company.com/
バンギ ヴァンツ アブドゥル　翻訳/現代西洋魔術研究家
http://www.twitter.com/bangi23

タロット バイブル～78枚の真の意味～

2012年12月30日　第1刷発行
2024年 7月30日　第10刷発行

著者　レイチェル・ポラック
監訳者　鏡 リュウジ
訳者　現代タロット研究会
発行者　宇都宮 健太朗
発行所　朝日新聞出版
〒104-8011　東京都中央区築地5-3-2
電話　03-5541-8814(編集)
03-5540-7793(販売)
ブックデザイン　遠藤 陽一(デザインワークショップ ジン)
ディレクション　木内 賢(eugenius, inc)
印刷所　大日本印刷株式会社

Published in Japan by Asahi Shimbun Publications Inc.
ISBN 978-4-02-331146-6
定価はカバーに表示してあります